U0930504

亳州曹操宗族墓字磚圖録文釋

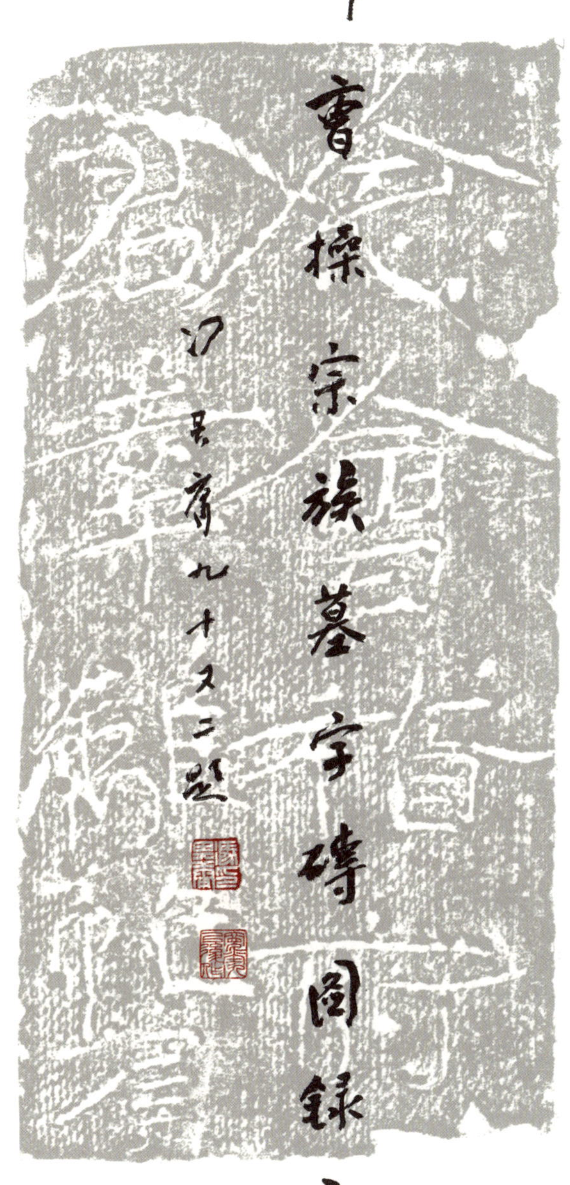

下册

李燦編著

中華書局

三、曹四堌堆1號東漢墓

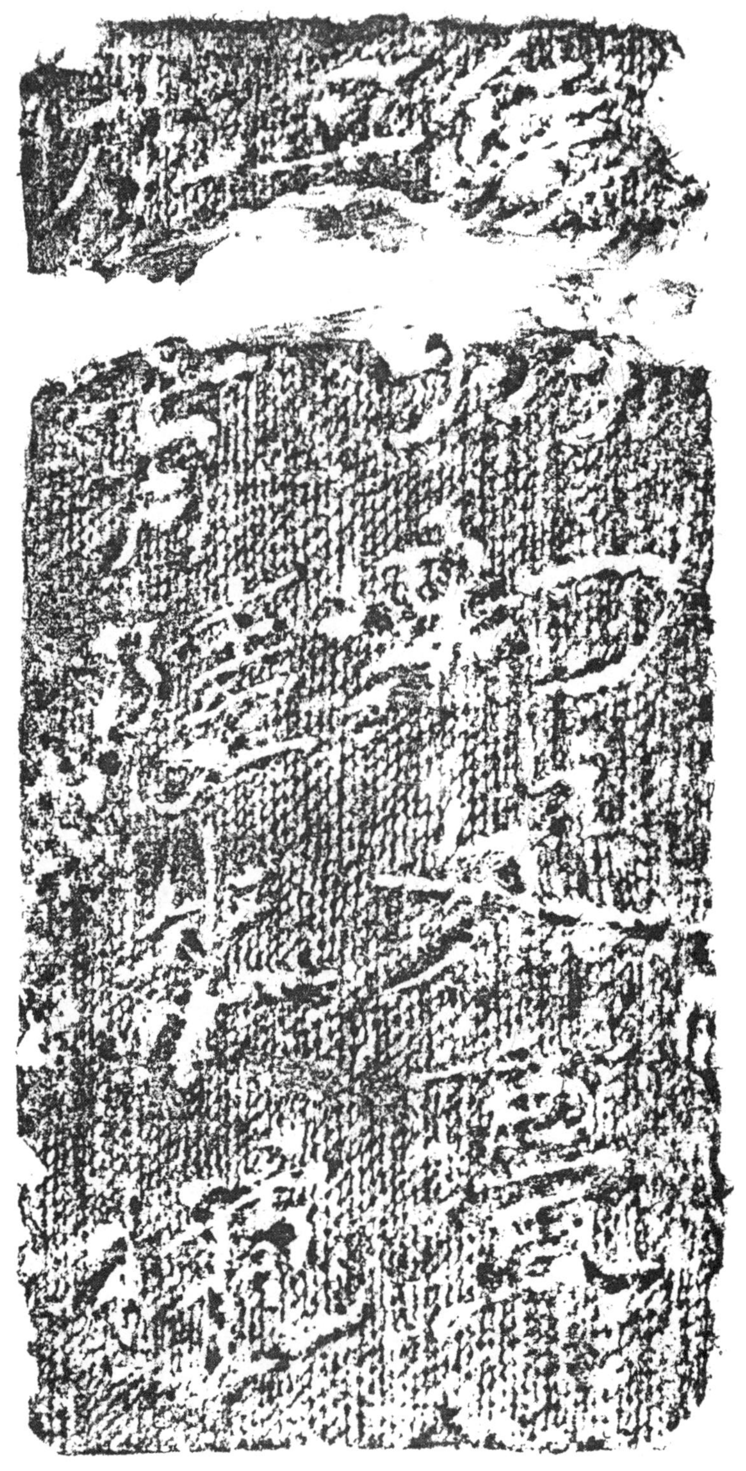

001號　豫州刺史磚

中長條磚，字在繩紋面，豎寫2行，10字。

豫州刺史曹水有陵朱謙

載：《考古》1988年1期。

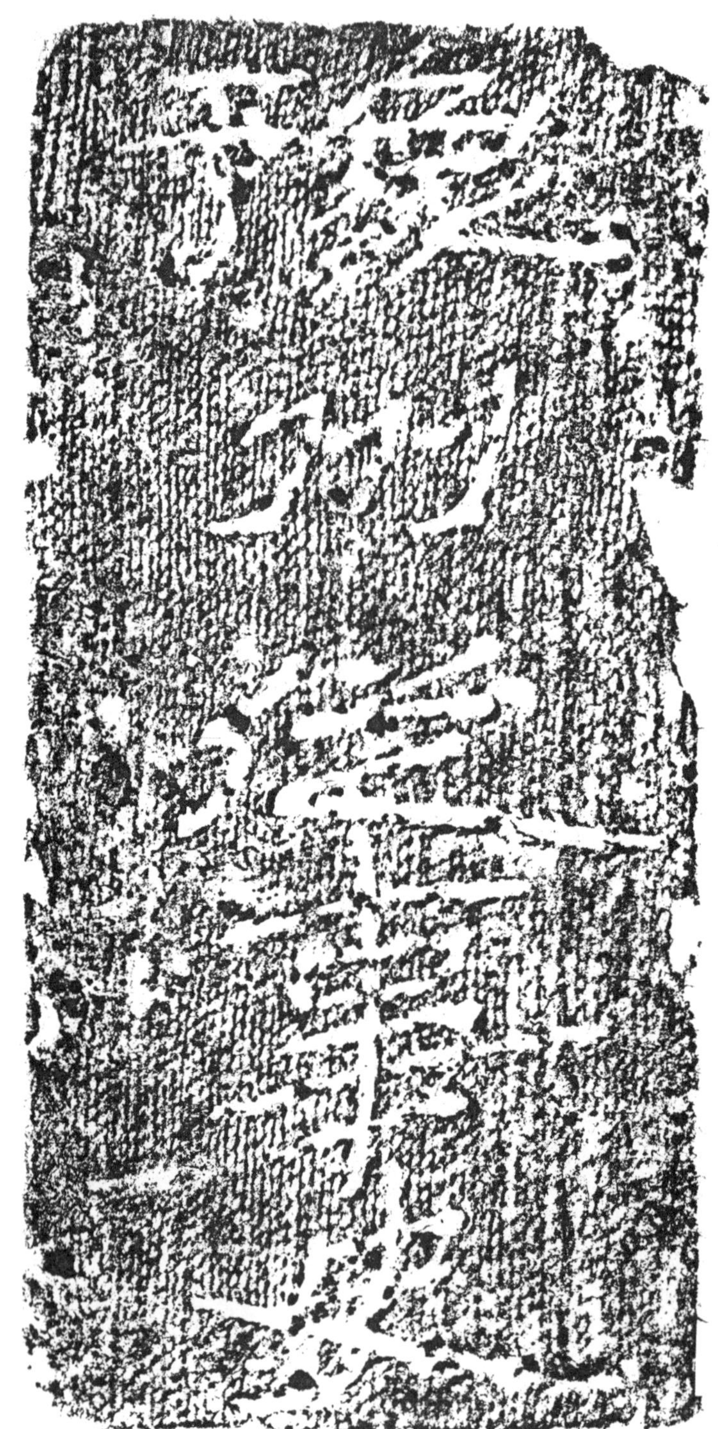

002號　豫州從事史磚

中長條磚，字在繩紋面，竪寫1行，5字。

豫州從事史

載：《考古》1988年1期。

003號　越騎校尉磚

中長條磚，字在繩紋面，竪寫1行，5字。

越騎校尉宠

載：《考古》1988年1期。

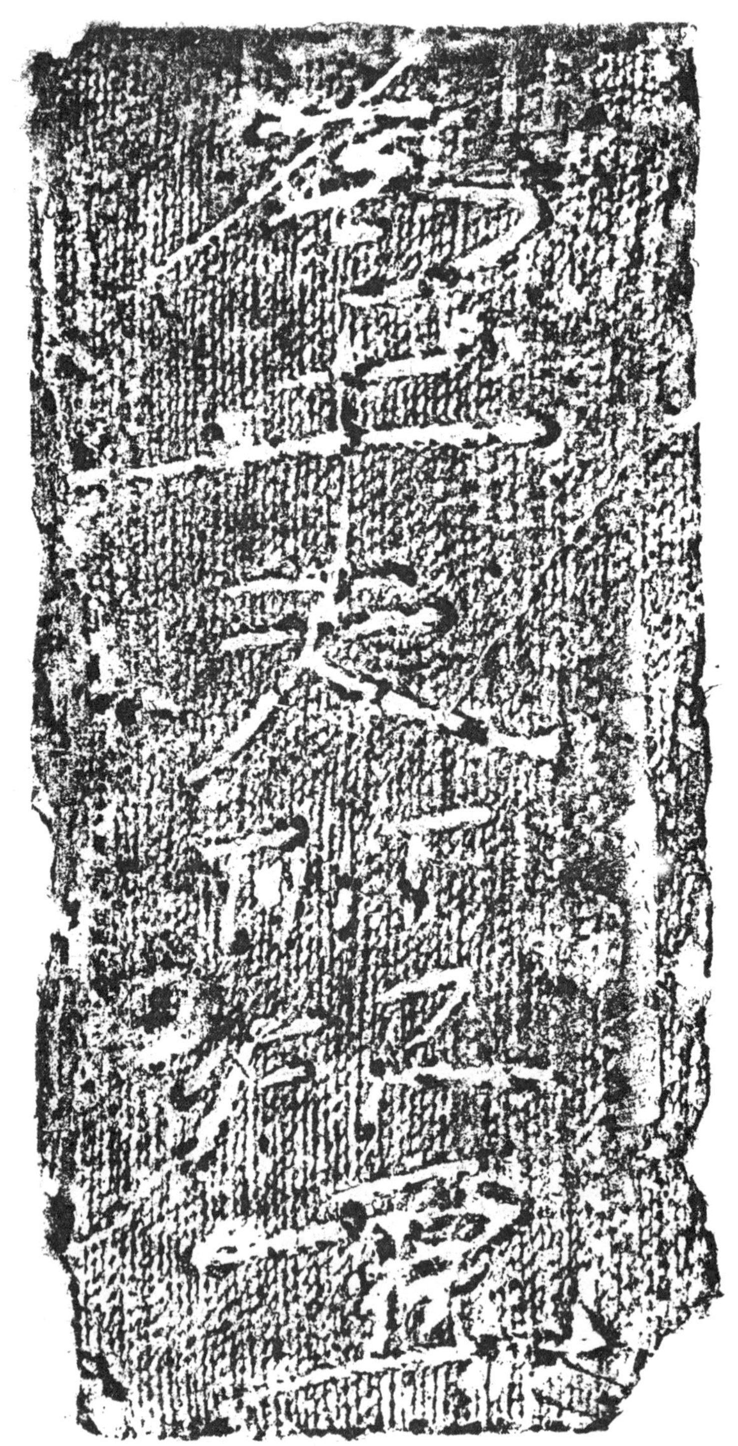

004號　爲上（大）夫磚

中長條磚，字在繩紋面，竪寫1行，6字。

爲上（大）夫所作壁

載：《考古》1988年1期。

005號　待事史磚

中長條磚，字在磚側面，竪寫1行，3字。

待事史

載：《考古》1988年1期。

006號　譙令磚

中長條磚，磚殘，字在繩紋面，竪寫1行，存2字。

譙令

載：《考古》1988年1期。

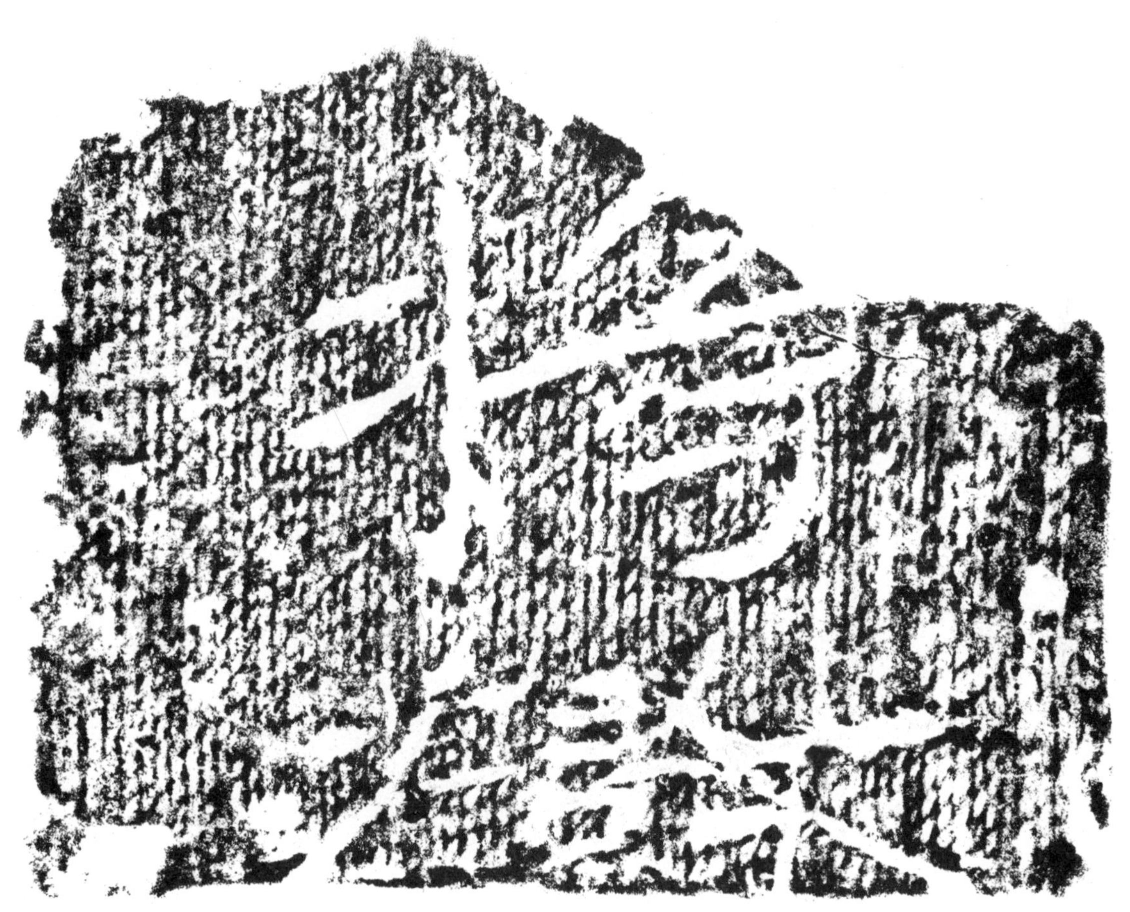

007號　将熾磚

中長條磚，磚殘，字在繩紋面，竪寫1行，存2字。

将熾

載：《考古》1988年1期。

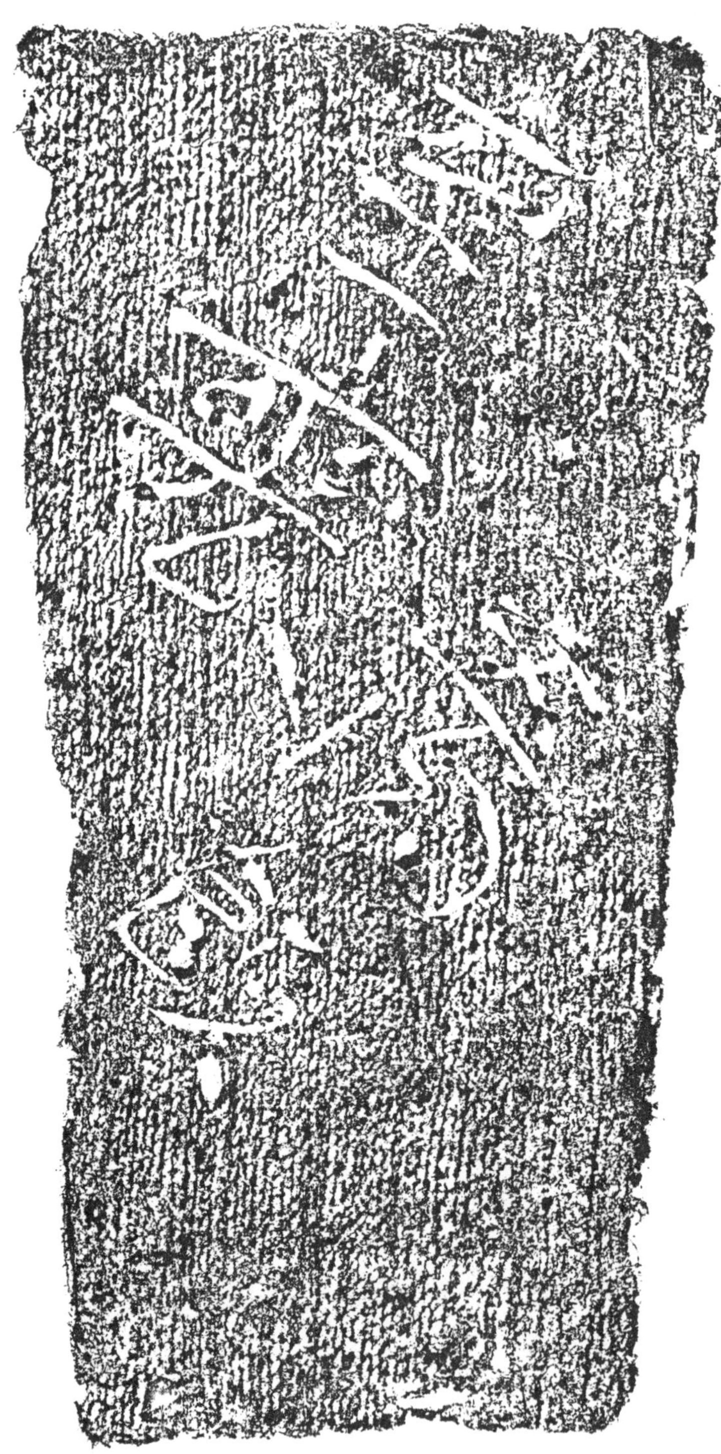

008號　至喪磚

楔Ⅰ型磚，大頭朝上，字在繩紋面，斜寫2行，5字。

至喪王肉飲

載：《考古》1988年1期；《中國書法大全》卷九《秦漢金文陶文》，北京榮寶齋，1992年。

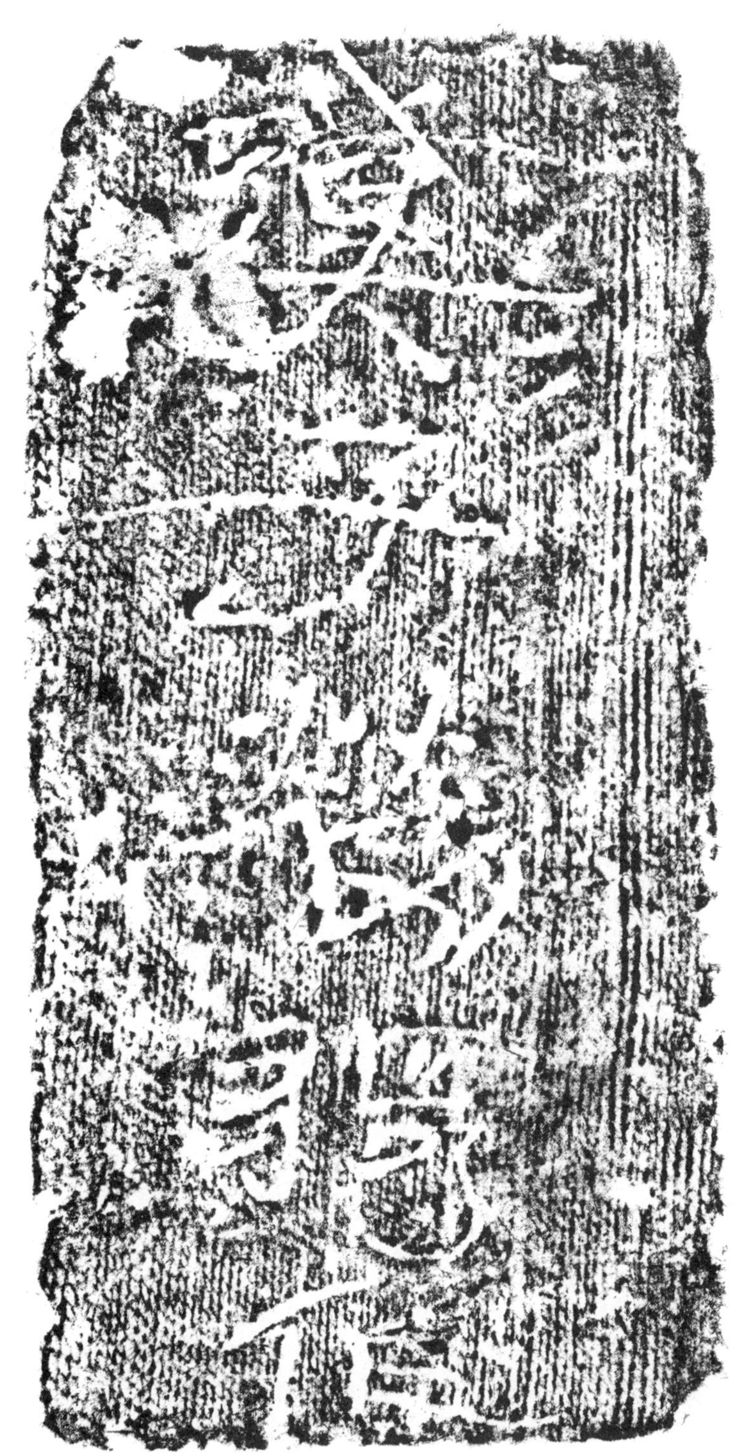

009號　漢子勞磚

小長條磚，字在繩紋面，竪寫1行，5字。

漢子勞獨作

載：《考古》1988年1期；《中國書法大全》卷九《秦漢金文陶文》，北京榮寶齋，1992年。

010號　郎才子磚

楔Ⅰ型磚，小頭朝上，字在繩紋面，竪寫1行，3字。

郎才子

011號　戴子磚

中長條磚，字在繩紋面，偏右竪寫1行，6字。

戴子石豪具作

載：《考古》1988年1期；《中國書法大全》卷九《秦漢金文陶文》，北京榮寶齋，1992年。

012號　愁奇居世磚

中長條磚，字在繩紋面，竪寫1行，5字。

愁奇居世乎

載：《考古》1988年1期。

013號　作牛頭磚

楔Ⅱ型磚，磚殘，上缺，字在繩紋面，偏右竪寫1行，存6字。

作牛頭此故大

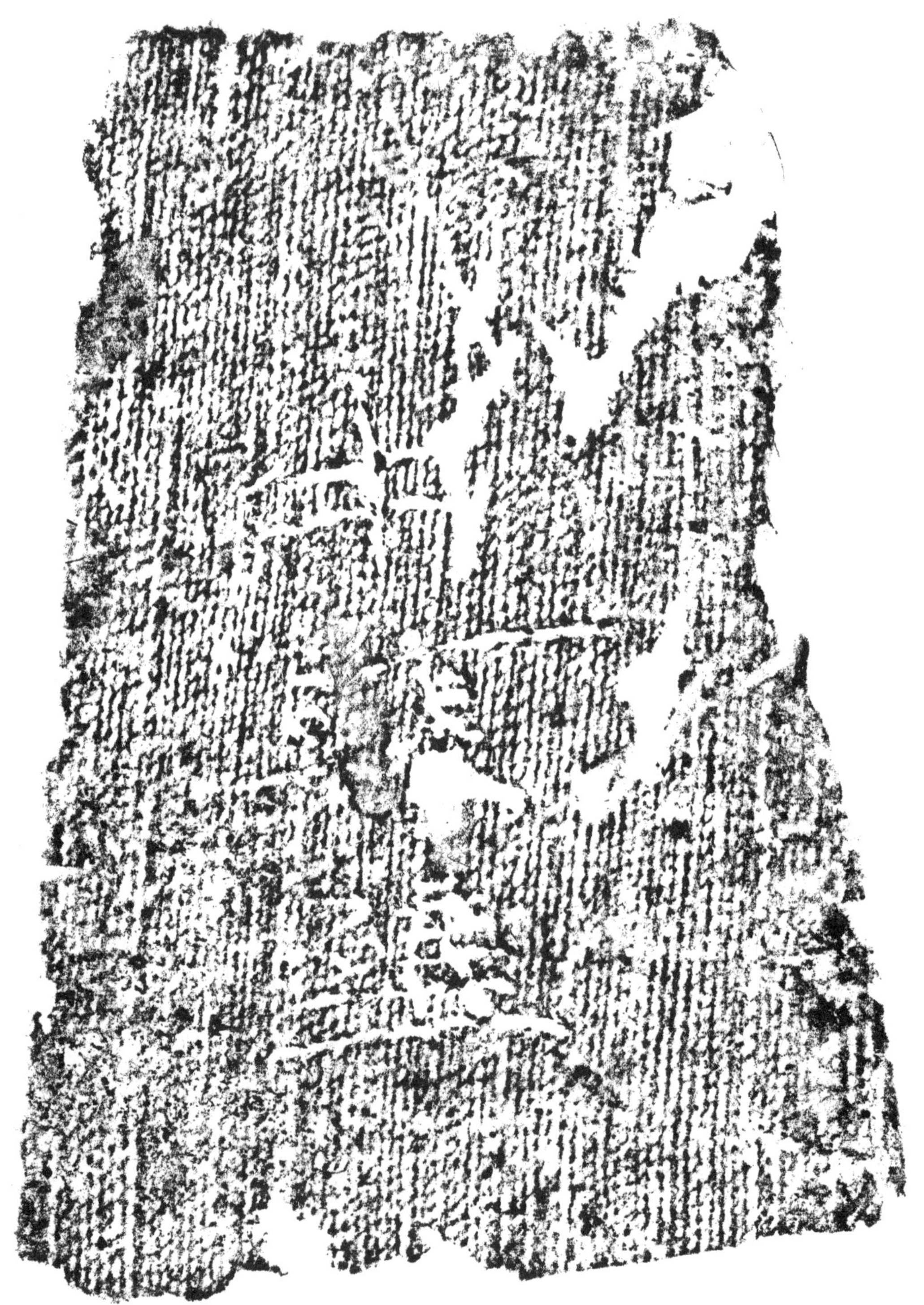

014號　牛頭壁磚

楔Ⅱ型磚，磚殘，上下缺，字在繩紋面，竪寫1行，3字。

牛頭壁

載：《考古》1988年1期。

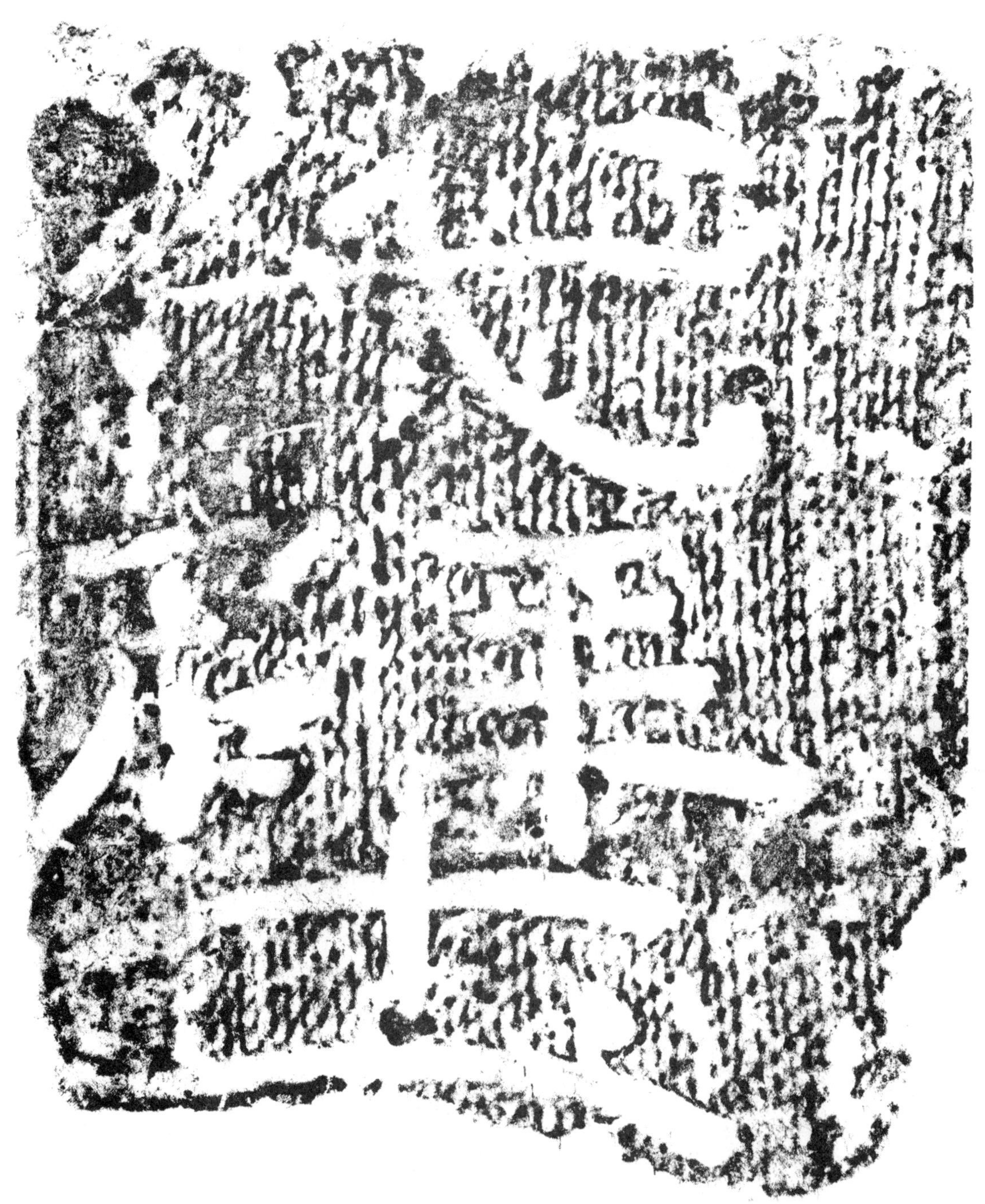

015號　代壁磚

楔Ⅰ型磚，磚殘，字在繩紋面，竪寫1行，存2字。

代壁

016號　與相見磚

中長條磚，磚殘，字在繩紋面，豎寫1行，存4字。

□與相見

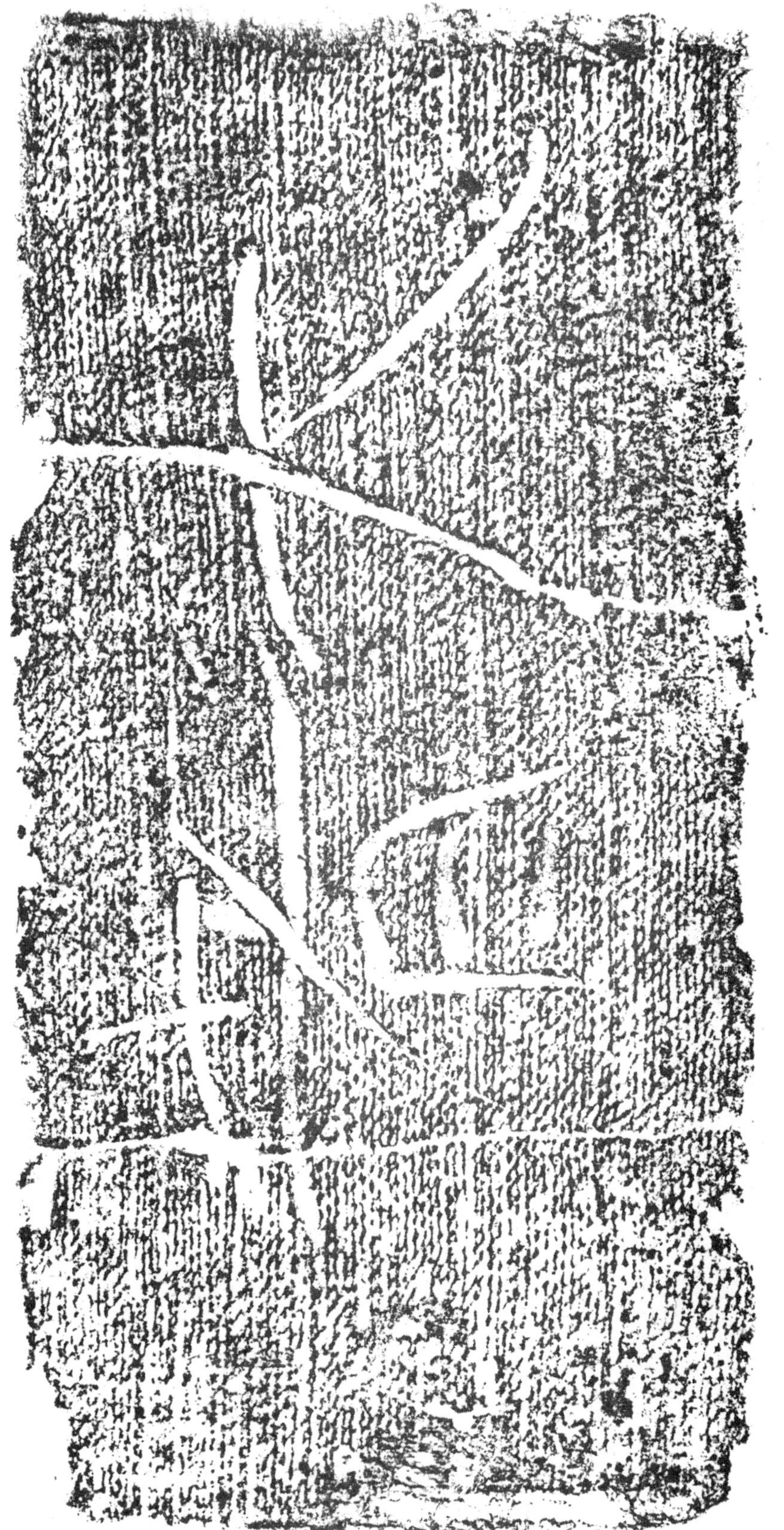

17號　大者磚

中長條磚，橫放，字在繩紋面，橫寫1行，2字。

大者

載：《考古》1988年1期。

018號　君叩頭磚

小長條磚，字在磚側面，竪寫1行，3字。

君叩頭

載：《中國書法大全》卷九《秦漢金文陶文》，北京榮寶齋，1992年。

019號　王有磚

楔Ⅱ型磚，字在磚横頭，竪寫1行，3字。

王有具

020號　左作磚

中長條磚，字在磚横頭，竪寫1行，2字。

左作

021號　用磚

小長條磚，字在磚側面，竪寫1字。

用

022號　劳磚

楔Ⅰ型磚，字在磚横頭，竪寫1行，2字。

劳劳

載：《考古》1988年1期。

023號　九月磚

中長條磚，字在繩紋面，偏右豎寫1行，5字。

九月七日作

載：《考古》1988年1期。

024號　七月磚

中長條磚，磚下大部殘，字在繩紋面，竪寫1行，存3字。

七月三

載：《考古》1988年1期。

025號　弼磚

中長條磚，磚上大部殘，字在繩紋面，竪寫1字。

弼

026號　周磚

中長條磚，磚大部殘，字在磚背面，竪寫1字。

周

載：《考古》1988年1期。

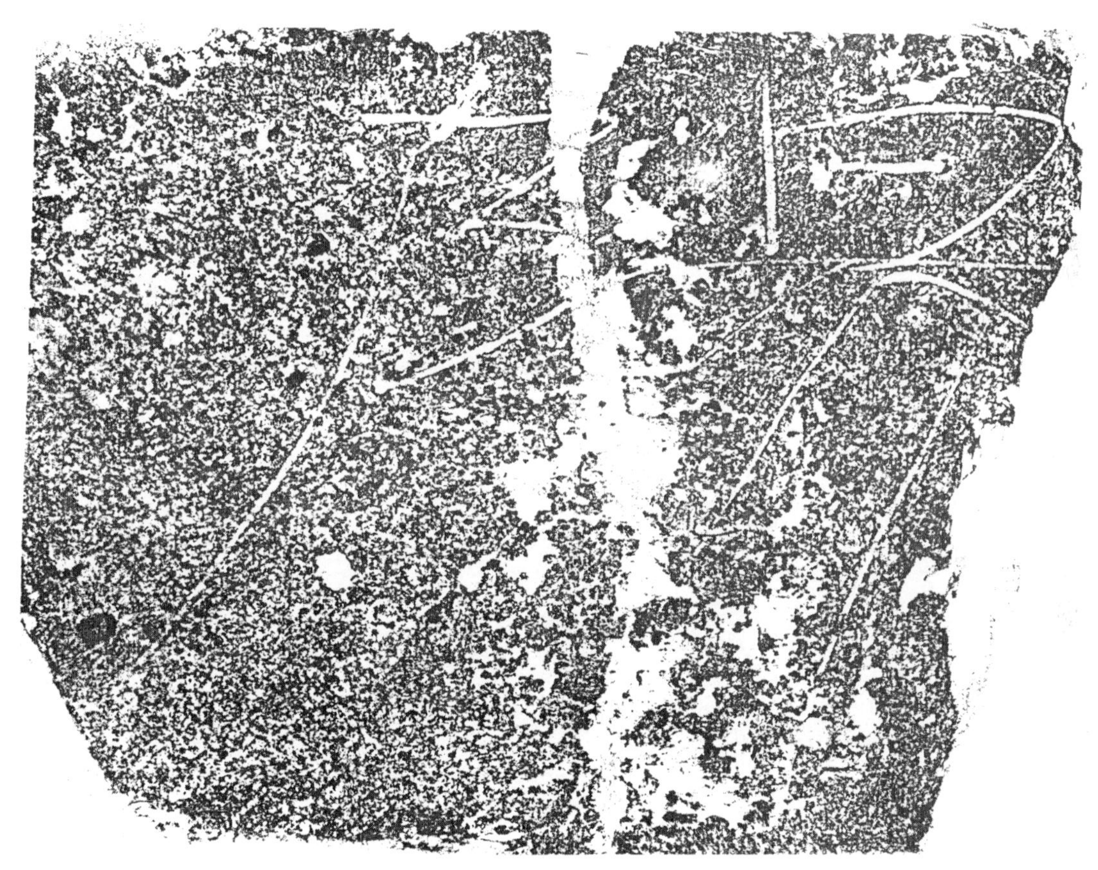

027號　陽磚

中長條磚，橫放，字在磚背面，橫寫1字。

陽

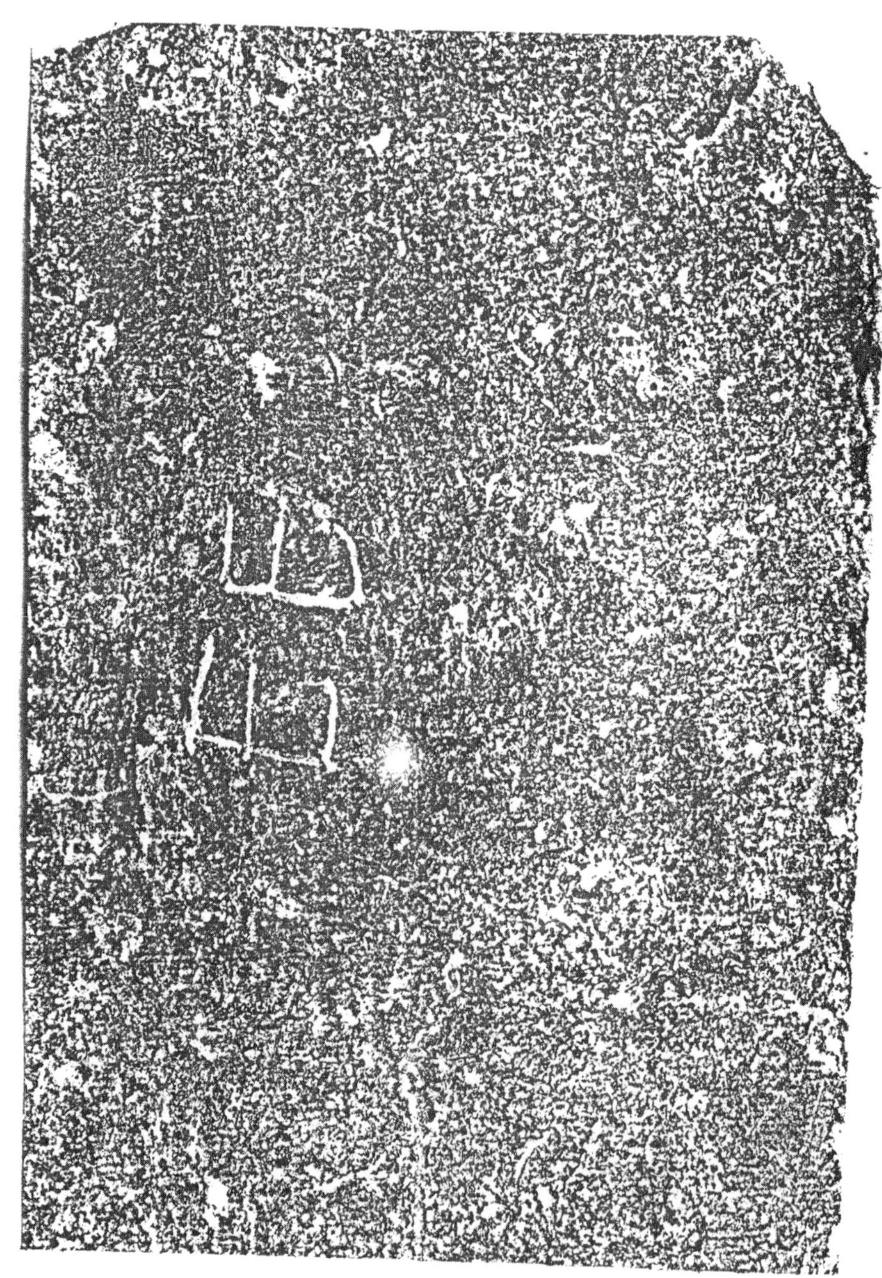

028號　山山（出）磚

小長條磚，字在磚背面，竪寫1行，2字。

山山（出）

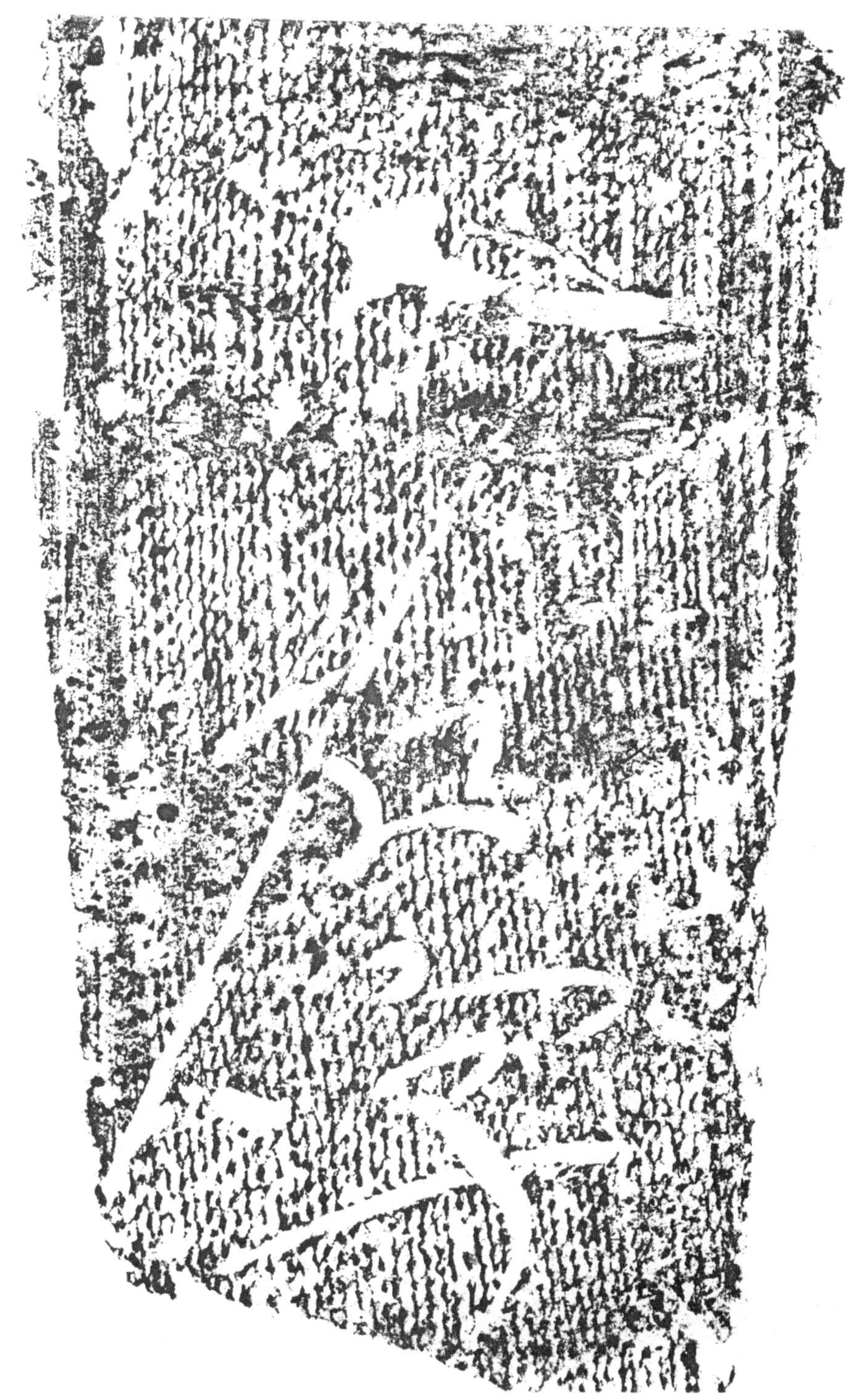

029號　**名字磚**

楔Ⅱ型磚，字在繩紋面，竪寫1行，2字。

名字

載：《考古》1988年1期。

030號　口磚

小長條磚，字在繩紋面，竪寫1字。

口

031號　隶磚

楔Ⅱ型磚，磚殘，字在繩紋面，竪寫1字。

隶

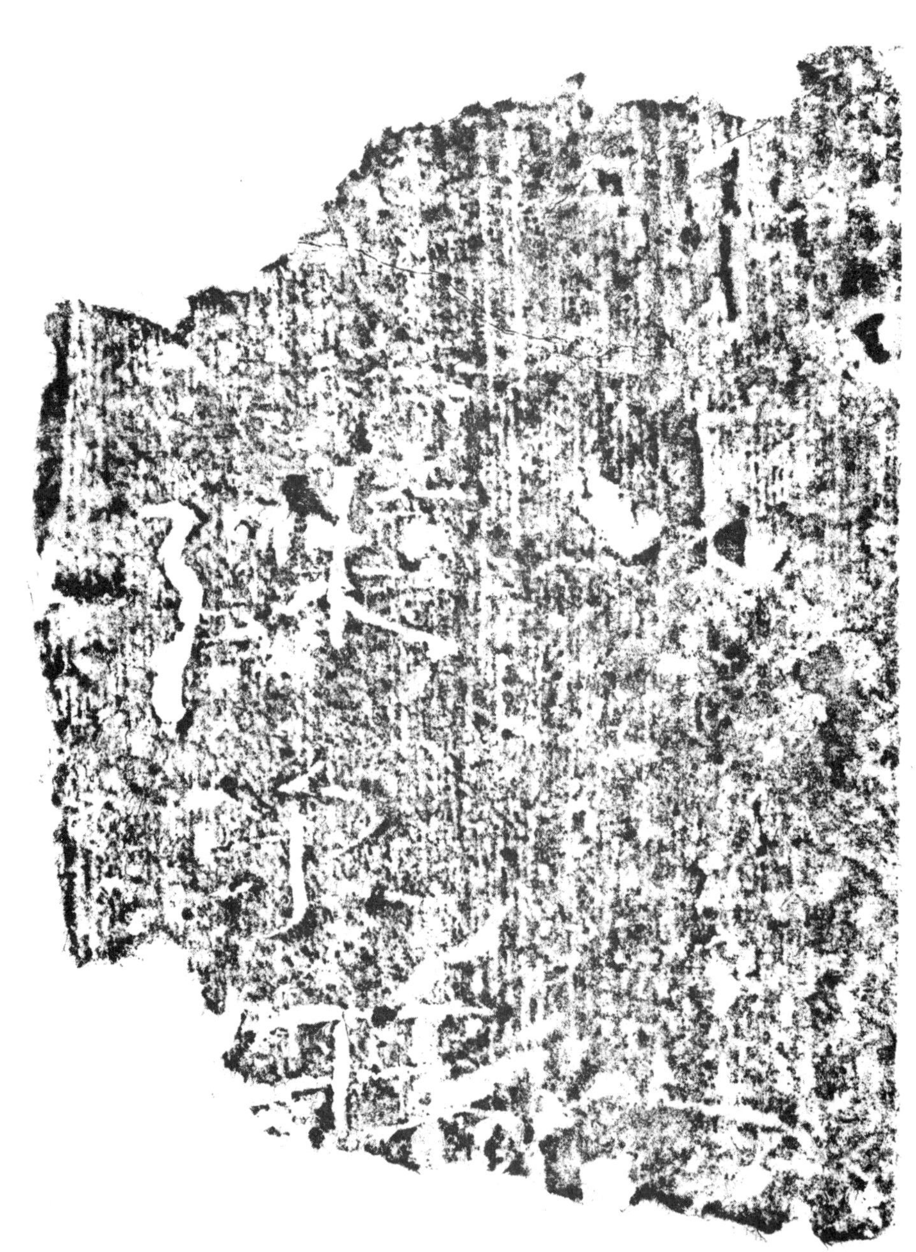

032號　休叩磚

小長條磚，磚上下殘，字在繩紋面，竪写1行，存3字，不清晰。

休叩我

033號　頁不左相磚

小長條磚，兩頭殘，字在繩紋面，横放竪寫6字，竪放寫2字。

（横放）**頁不左相□日**

（竪放）**作壁**（“壁”分别寫）

034號　㚤磚

楔Ⅰ型磚，小頭朝上，上左側殘，字在繩紋面，竪寫1行，存4字。

□㚤八寸

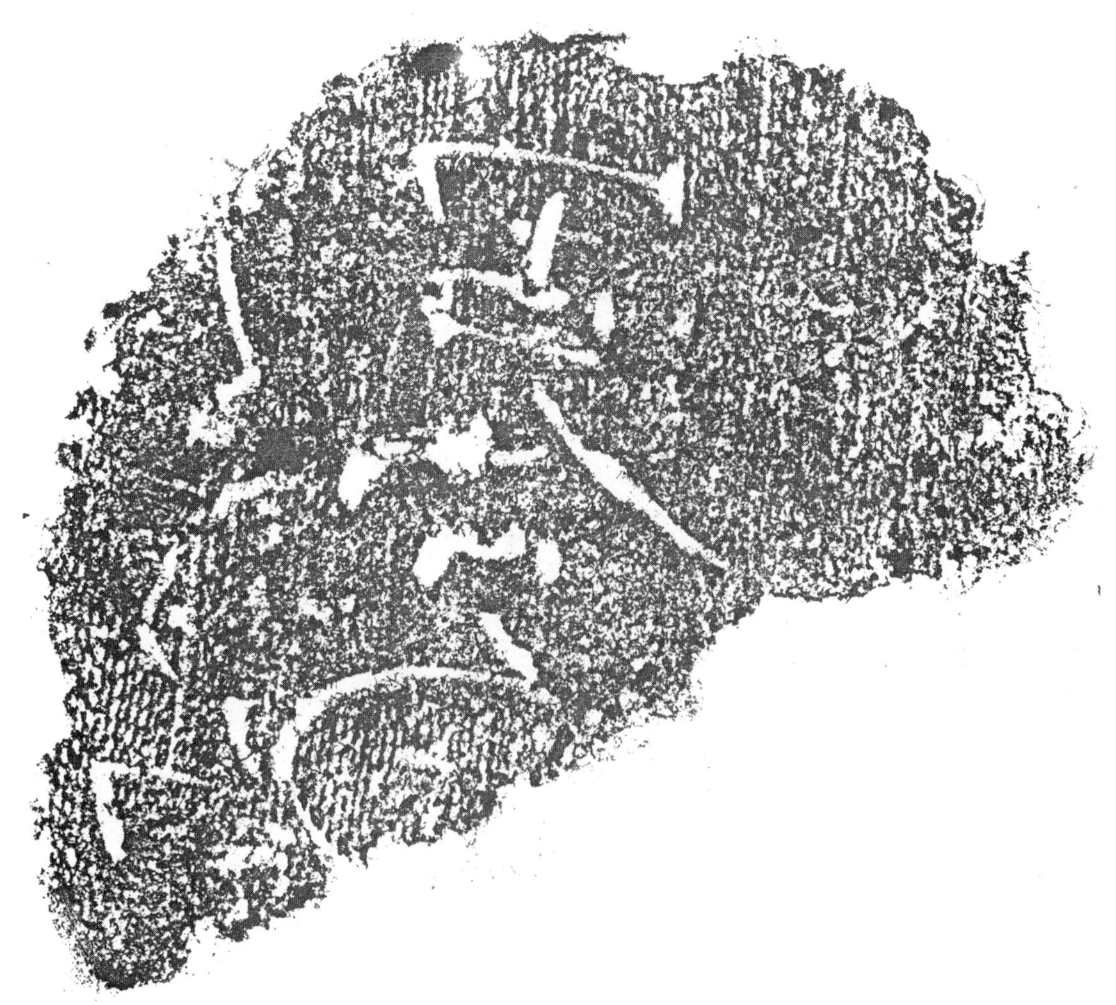

035號　黑了磚

碑型不明，殘磚塊，字在繩紋面，竪寫1行，存2字。

黑了

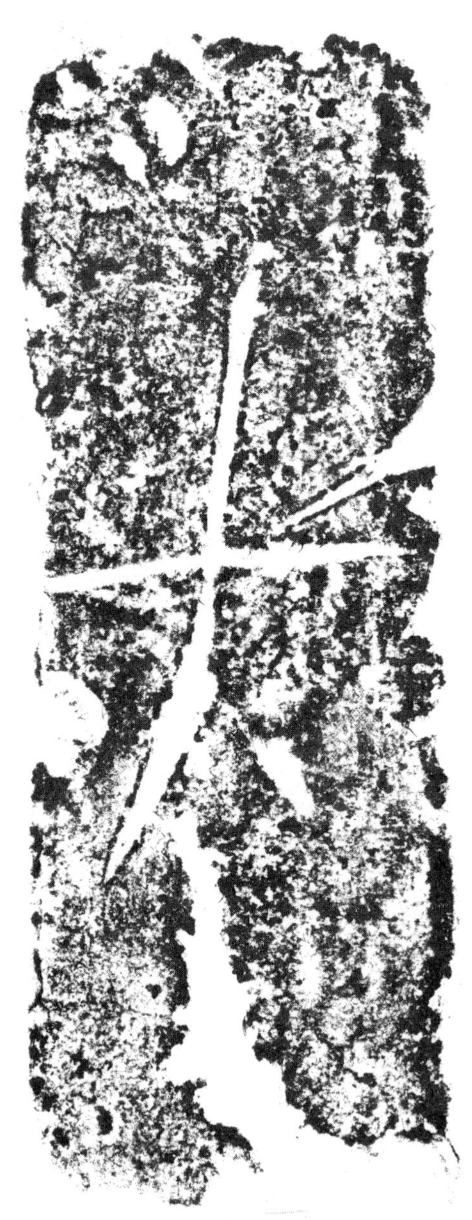

036號　十磚（一）

中長條磚，字在磚橫頭，竪寫1字。

十

037號　十磚（二）

大長條磚，字在磚横頭，竪寫1字。

十

載：《考古》1988年1期。

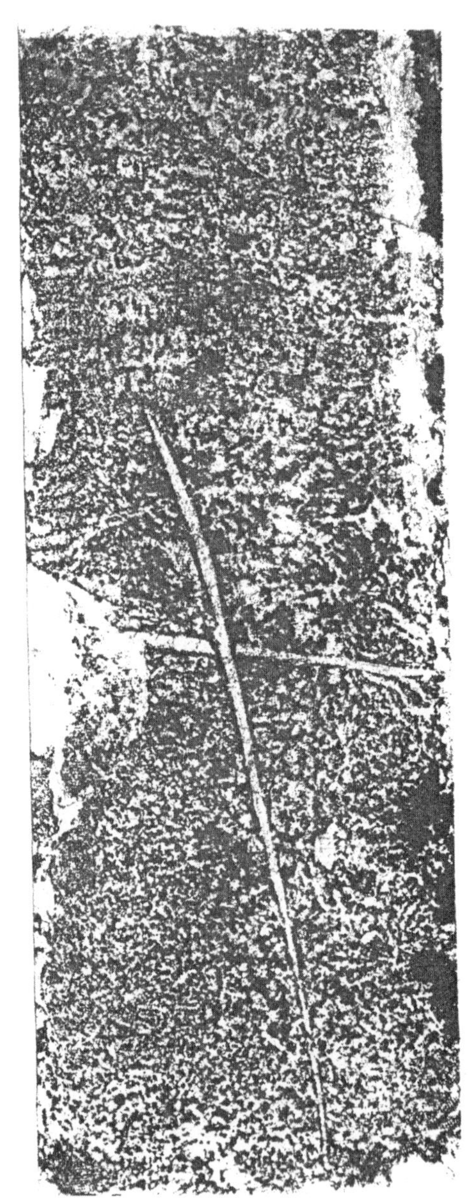

038號　十（三）磚

中長條磚，字在磚横頭，竪寫1字。

十

039號　十磚（四）

中長條磚，字在磚横頭，竪寫1字。

十

040號　十磚（五）

大長條磚，字在磚橫頭，竪寫1字。

十

041號　十磚（六）

中長條磚，字在磚橫頭，竪寫1字。

十

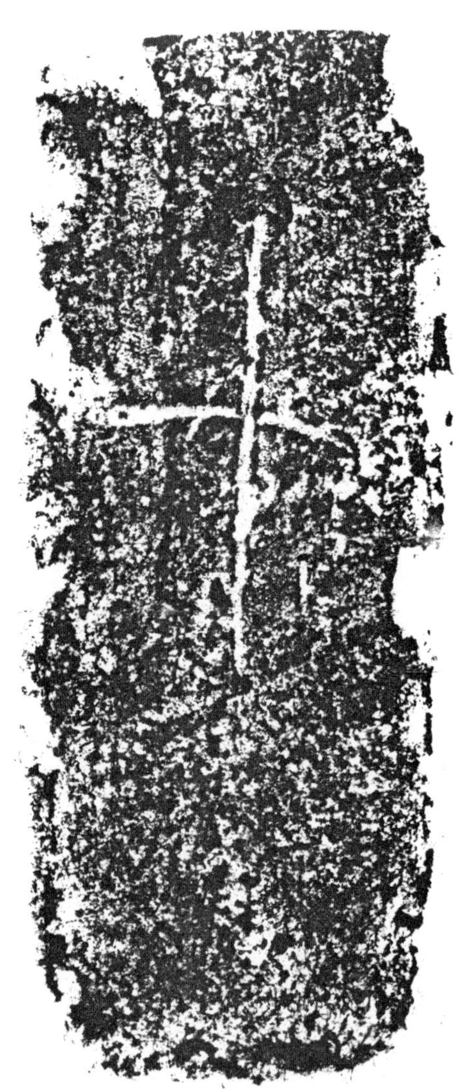

042號　十磚（七）

小長條磚，字在磚横頭，竪寫1字。

十

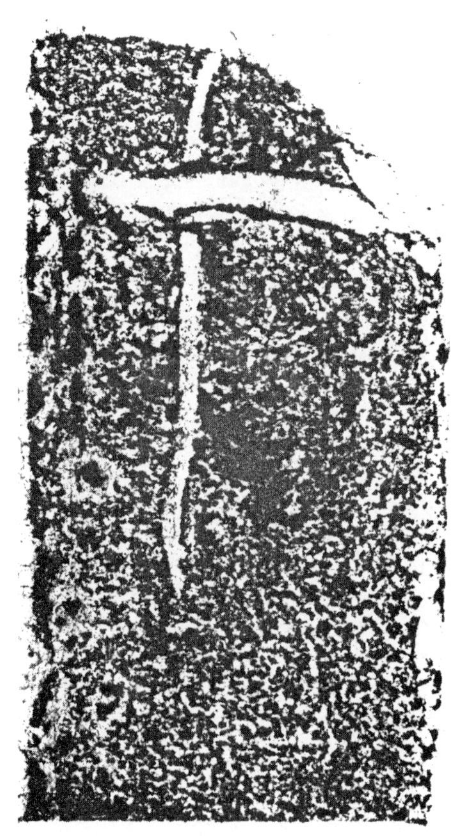

043號　十磚（八）

小長條磚，字在磚横頭，竪寫1字。

十

044號　十磚（九）

中長條磚，字在磚横頭，竪寫1字。

十

045號　十磚（十）

小長條磚，字在磚橫頭，竪寫1字。

十

046號　十磚（十一）

小長條磚，字在磚横頭，竪寫1字。

十

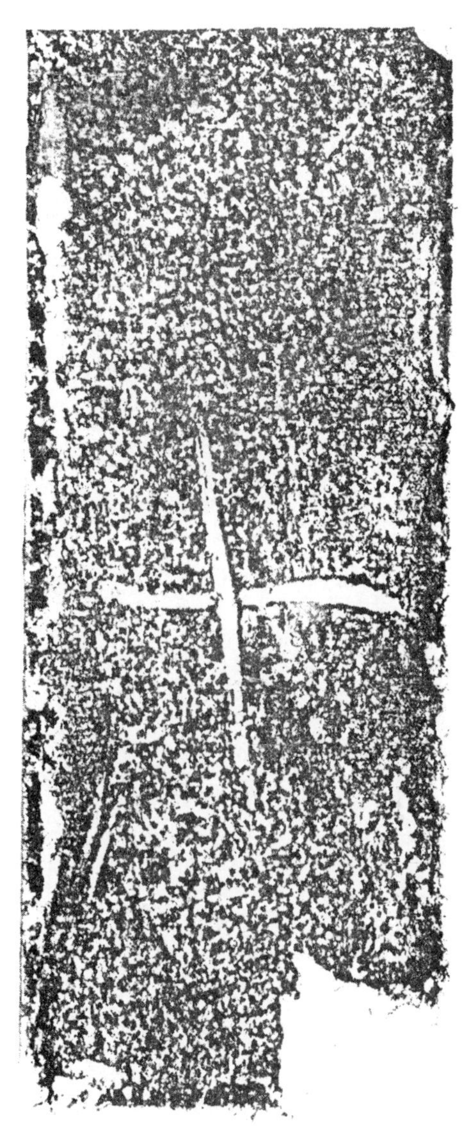

047號　十磚（十二）

小長條磚，字在磚橫頭，竪寫1字。

十

048號　二十磚

中長條磚，字在磚横頭，2字。

二十（“二”字竪寫）

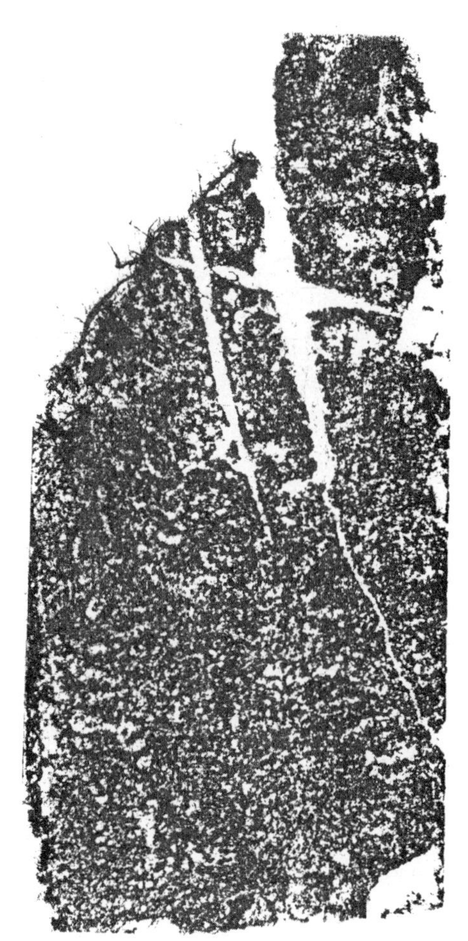

049號　卄磚（一）

中長條磚，字在磚橫頭，竪寫1字

卄

050號　廿磚（二）

中長條磚，字在磚横頭，竪寫1字。

廿

051號　廿磚（三）

中長條磚，字在磚橫頭，竪寫1字。

廿

052號　廿磚（四）

大長條磚，字在磚横頭，竪寫1字。

廿

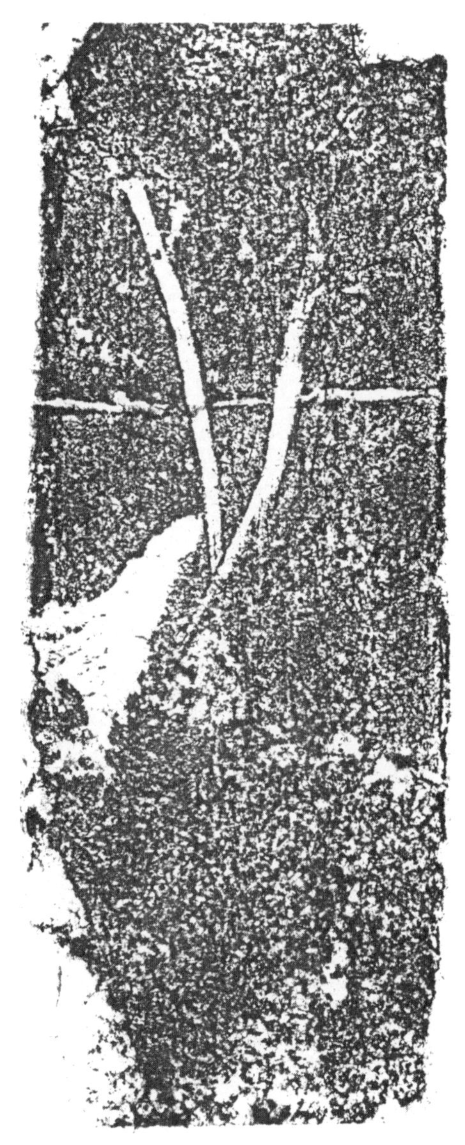

053號　卄磚（五）

中長條磚，字在磚橫頭，竪寫1字。

卄

054號　三十磚

小長條磚，字在磚横頭，竪寫1行，2字。

三十

載：《考古》1988年1期。

055號　卌磚（一）

小長條磚，字在磚橫頭，竪寫1字。

卌

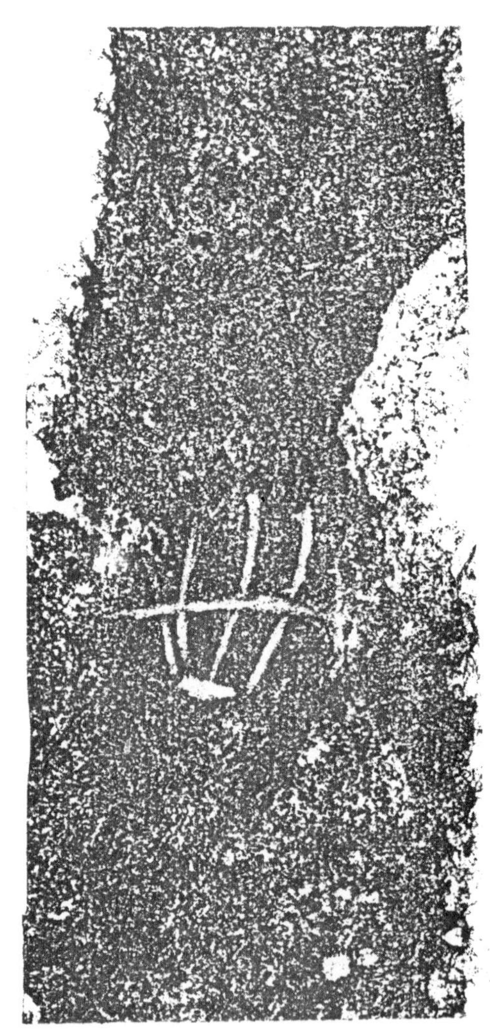

056號　卌磚（二）

大長條磚，字在磚横頭，竪寫1字。

卌

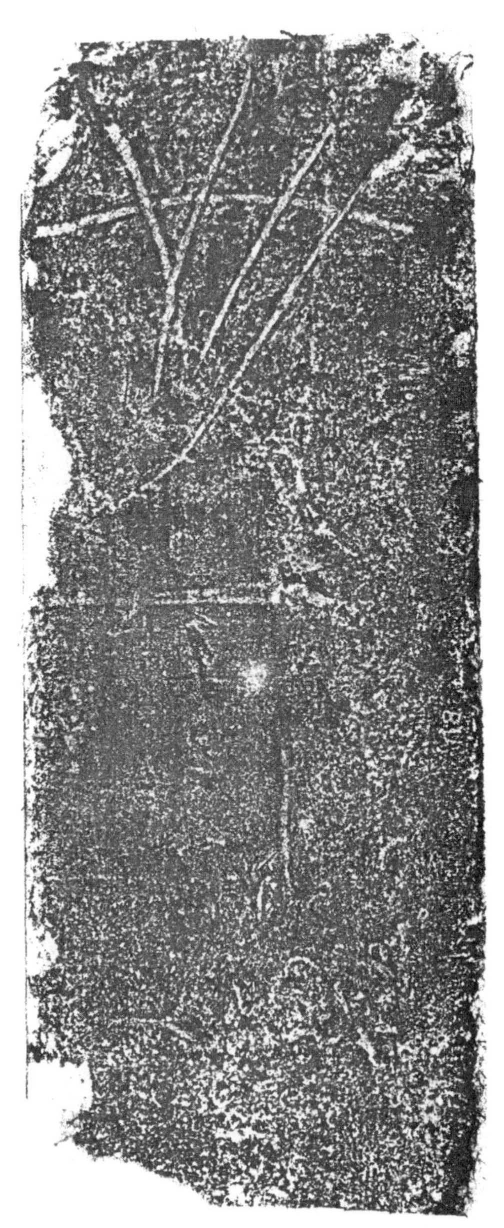

057號　卌磚（三）

大長條磚，字在磚橫頭，竪寫1字。

卌

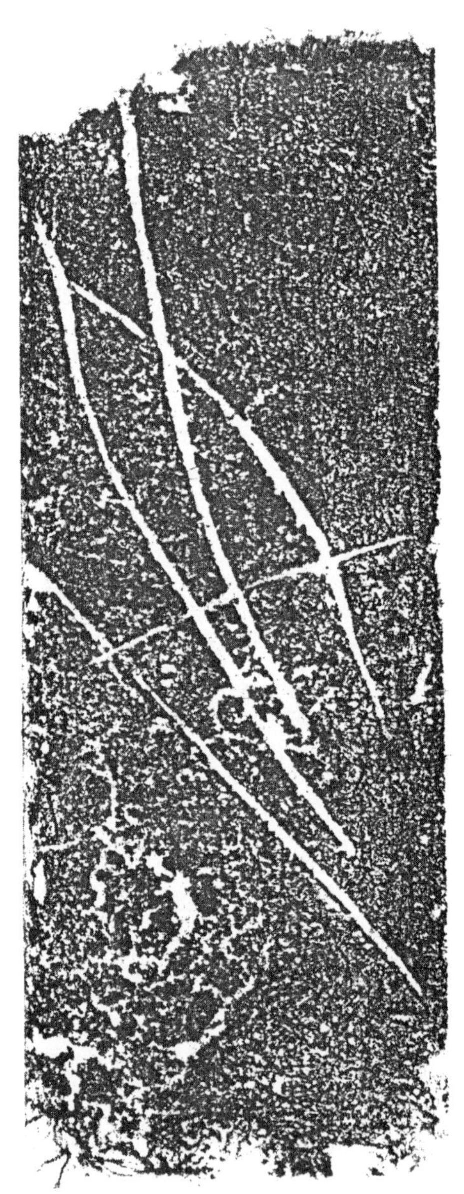

058號　卌磚（四）

楔Ⅰ型磚，字在磚横頭，竪寫1字。

卌

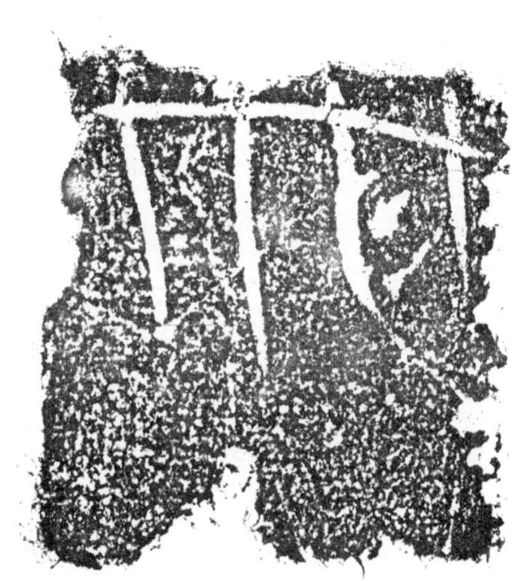

059號　卌磚（五）

小長條磚，字在磚橫頭，竪寫1字。

卌

060號　卌磚（六）

中長條磚，字在磚横頭，竪寫1字。

卌

061號　五十磚

小長條磚，字在磚横頭，竪寫1行，2字。

五十

載：《考古》1988年1期。

062號　六十磚（一）

中長條磚，字在磚横頭，竪寫1行，2字。

六十

載：《考古》1988年1期。

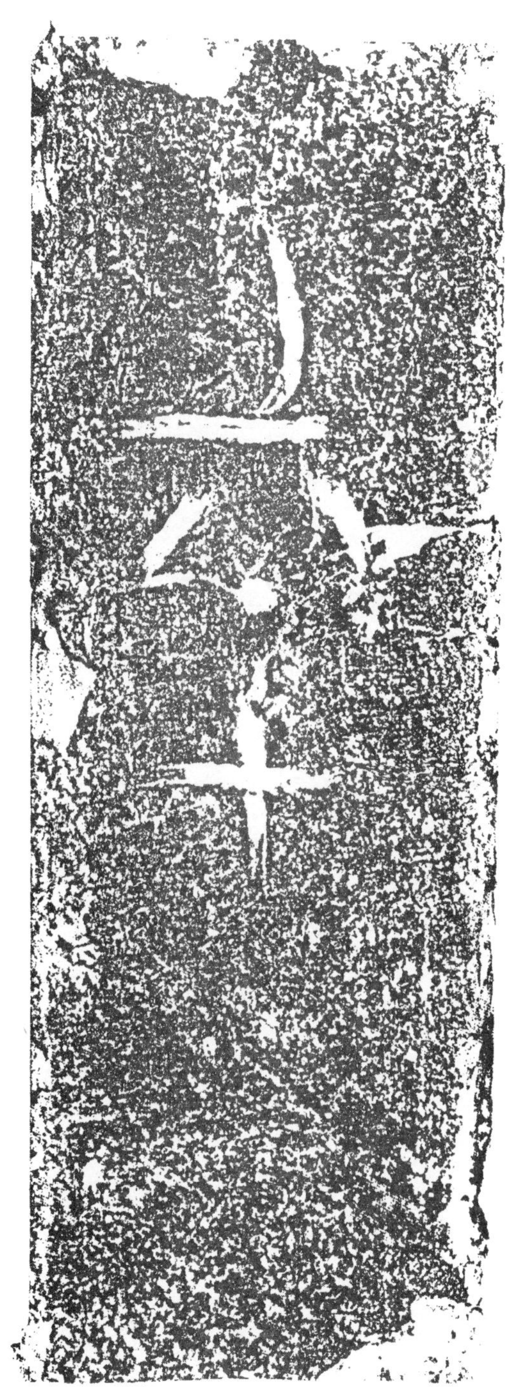

063號　六十磚（二）

大長條磚，字在磚橫頭，竪寫1行，2字。

六十

064號　八十磚

大長條磚，字在磚横頭，竪寫1行，2字。

八十

065號　百磚

大長條磚，字在磚横頭，竪寫1字。

百

066號　百百磚

中長條磚，字在磚横頭，竪寫1行，2字。

百百

067號　一千磚

楔Ⅱ型磚，字在磚橫頭，竪寫1行，2字。

一千

載：《考古》1988年1期。

068號　鳥磚

小長條磚，上下殘，字在磚側面，竪寫1行，存2字。

鳥□

載：《考古》1988年1期。

069號　畫意磚（一）

大長條磚，畫在磚横頭。

070號　畫意磚（二）

大長條磚，畫在磚側面。

四、張園村1號東漢墓

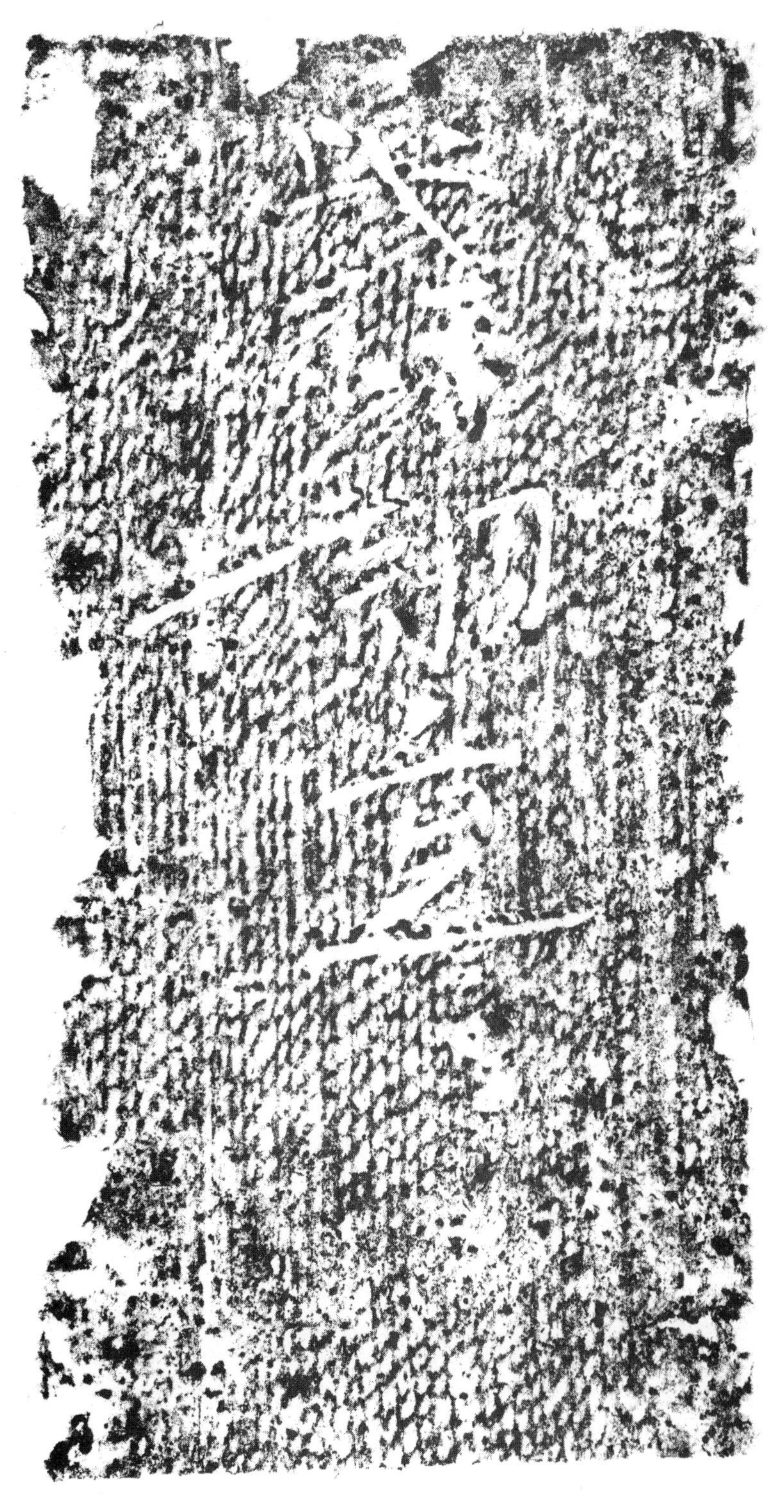

001號　此辟調乭磚

小長條磚，字在繩紋面，豎寫1行，4字。

此辟調乭

002號　此壁亦作磚

中長條磚，磚上部殘，字在繩紋面，竪寫1行，4字。

此壁亦作

003號　日磚

中長條磚，字在繩紋面，竪寫1行，3字。

日大日

004號　然磚

中長條磚，磚存左上角，字在繩紋面，竪寫1字。

然

005號　手磚

小長條磚，字在磚側面，竪寫1行，2字。

手土

006號　菅㯡磚

中長條磚，字在磚橫頭，竪寫1行，3字。

菅㯡辟

007號　默磚

小長條磚，字在磚橫頭，竪寫1字。

默

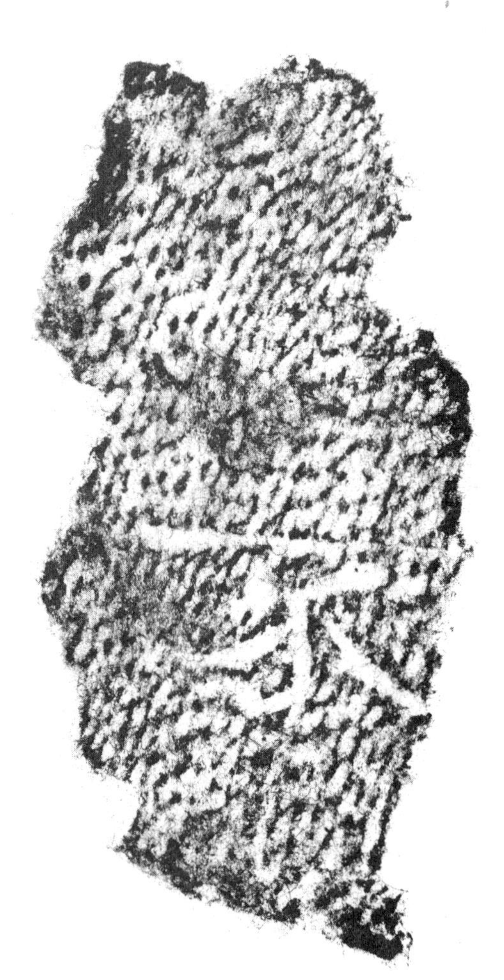

008號　不磚

殘磚塊，磚型不明，字在繩紋面，竪寫1字。

不

009號　家磚

小長條磚，字在磚橫頭，竪寫1字。

家

010號　門磚

中長條磚，字在磚横頭，竪寫1字。

門（？）

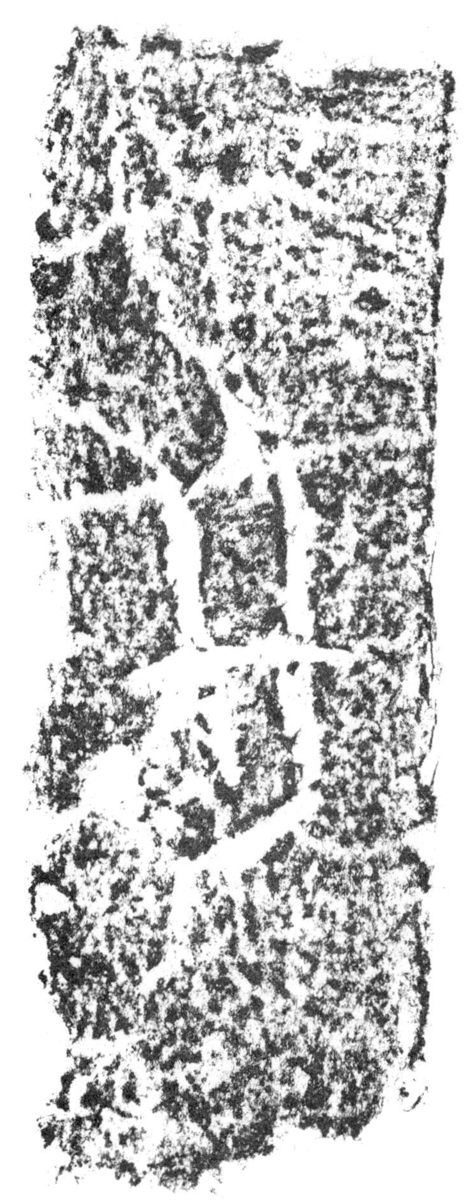

011號　廿磚

小長條磚，字在磚横頭，竪寫1字。

廿

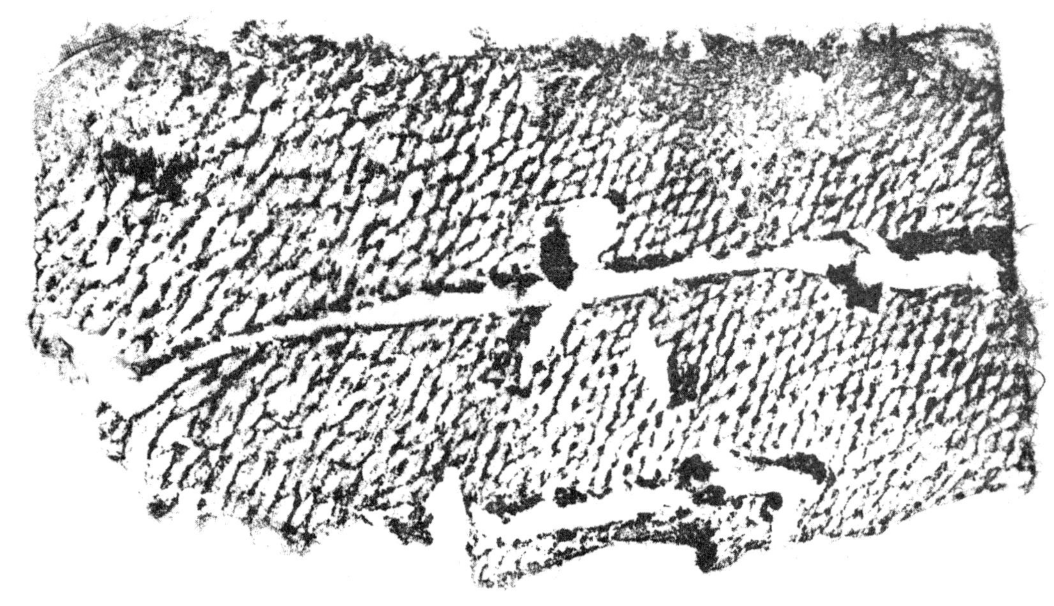

012號　六磚

中長條磚，磚殘，字在繩紋面，竪寫1行，存2字。

六□

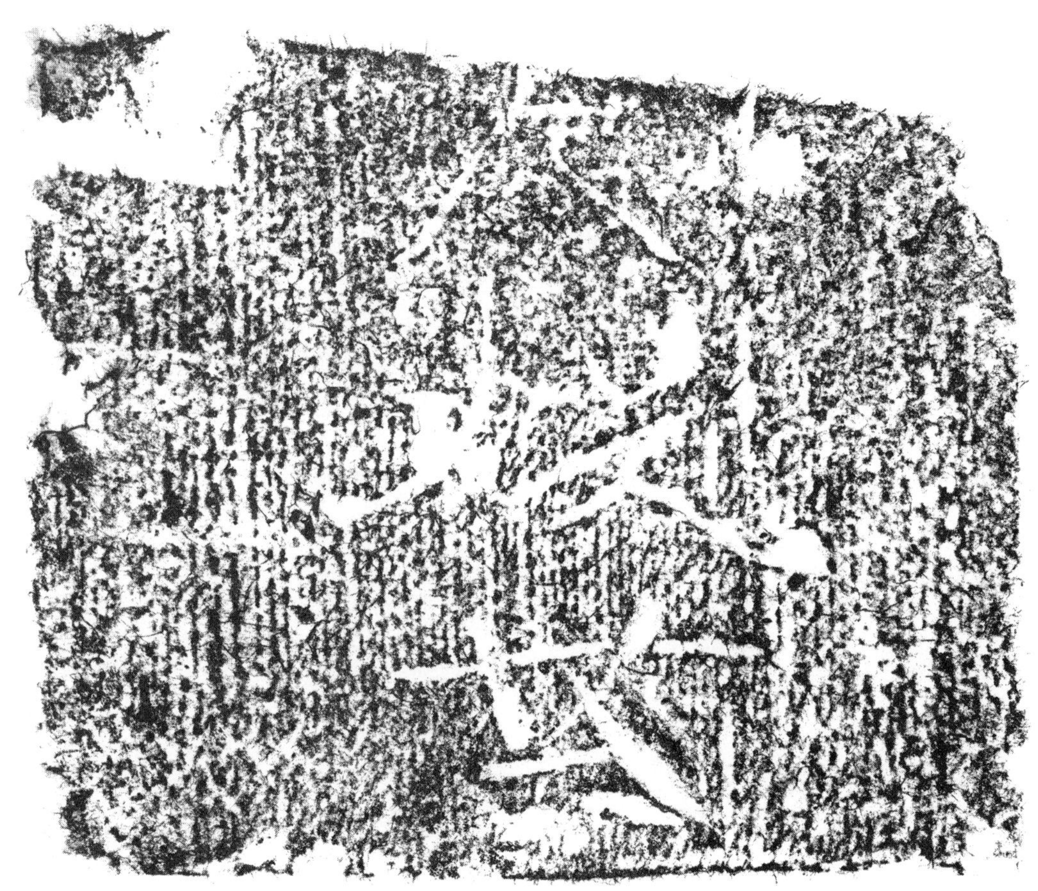

013號　放磚

中長條磚，磚上部殘，字在繩紋面，豎寫1行，存3字。

□放廿

014號　十磚（一）

小長條磚，字在磚横頭，竪寫1字。

十

015號　十磚（二）

中長條磚，字在磚橫頭，豎寫1字。

十

016號　十二磚

中長條磚，字在磚横頭，竪寫1行，2字。

十二

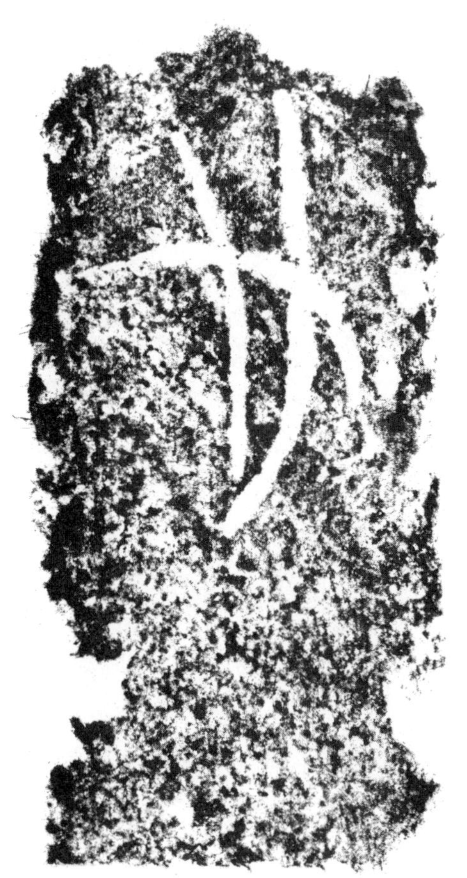

017號　卄磚

小長條磚，字在磚横頭，竪寫1字。

卄

018號　卄磚

小長條磚，字在磚横頭，竪寫1字。

卄

019號　一十磚

中長條磚，字在磚橫頭，竪寫2字。

一十

020號　卅磚

小長條磚，字在磚横頭，竪寫1字。

卅

021號　四十磚

中長條磚，字在磚横頭，竪寫1行，2字。

四十

022號　六十磚

中長條磚，字在磚横頭，竪寫1行，2字。

六十

023號　百磚

小長條磚，字在磚横頭，竪寫1字。

百

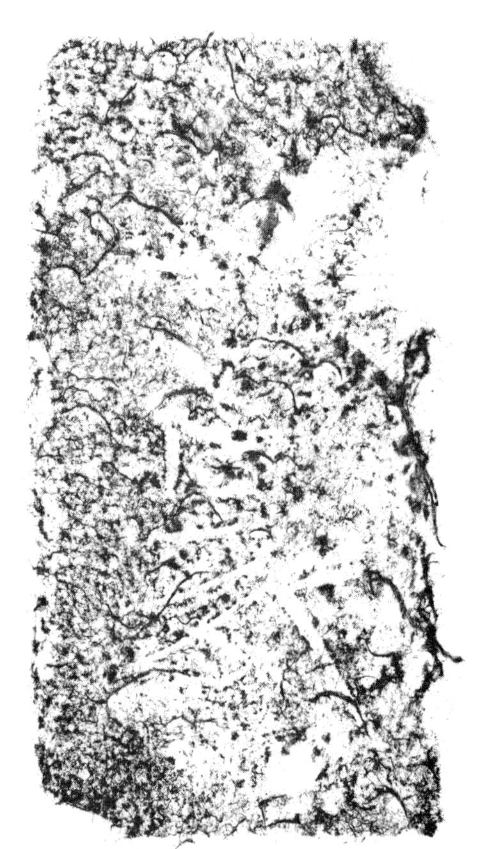

024號　百二十磚

中長條磚，字在磚横頭，竪寫1行，3字。

百二十

025號　百五十磚

小長條磚，字在磚横頭，竪寫1行，3字。

百五十

五、袁牌坊村2號、3號東漢墓

001號　芋吏磚

小長條磚，字在繩紋面，竪寫1行，5字。

芋吏之我但

002號　玉玉張磚

小長條磚，字在繩紋面，竪寫1行，3字。

玉玉（均屬叠連寫法）張

003號　圭（娃）陸磚

中長條磚，磚殘，字在繩紋面，竪寫1行，2字。

圭（娃）陸

004號　二百工磚

小長條磚，字在繩紋面，右上角竪寫1行，5字。

二百工一百

005號　朱磚

小長條磚，字在磚側面，竪寫1行，7字。

朱□□闓六于□

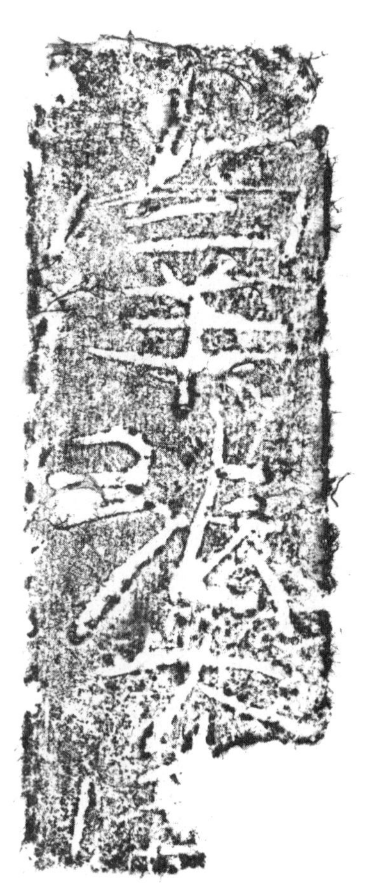

006號　宰張大磚

小長條磚，字在磚横頭，竪寫1行，4字

宰張大□

007號　王磚

小長條磚，字在磚横頭，竪寫1字。

王

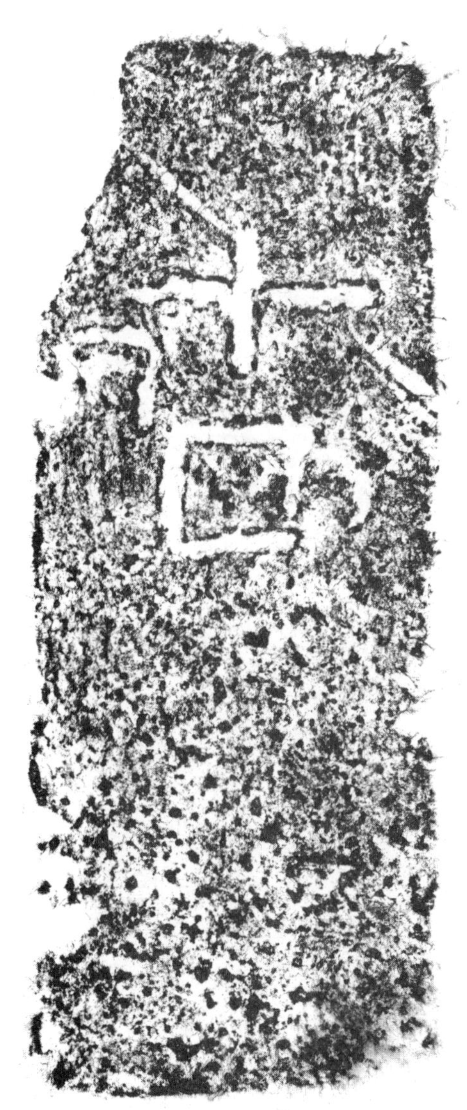

008號　杏磚

中長條磚，字在磚橫頭，竪寫1字。

杏

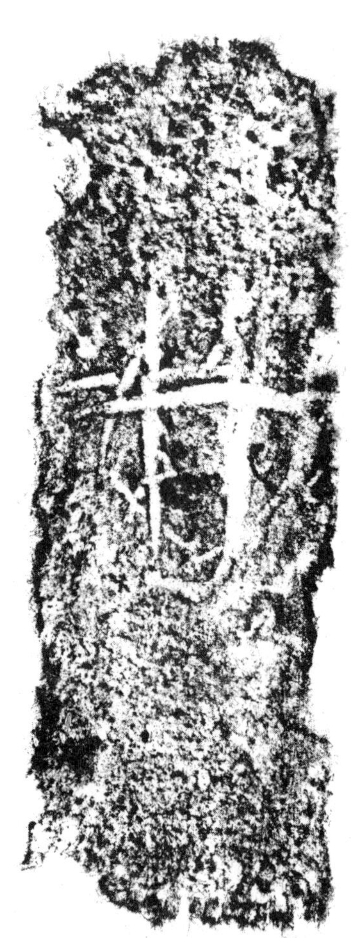

009號　廿磚（一）

小長條磚，字在磚橫頭，竪寫1字。

廿

010號　廿（二）磚

中長條磚，字在磚橫頭，竪寫1字。

廿

011號　卅磚

小長條磚，字在磚横頭，竪寫1字。

卅

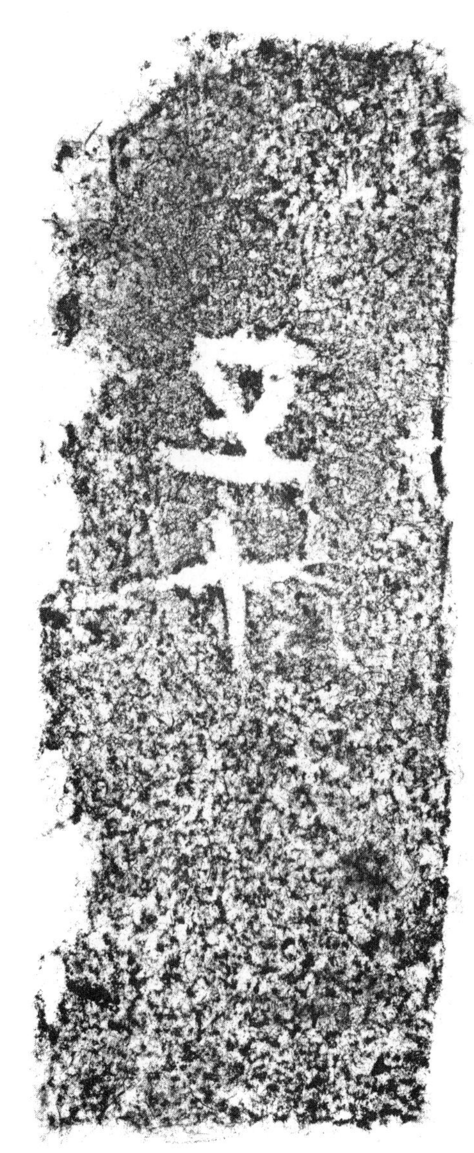

012號　五十磚

中長條磚，字在磚橫頭，竪寫1行，2字。

五十

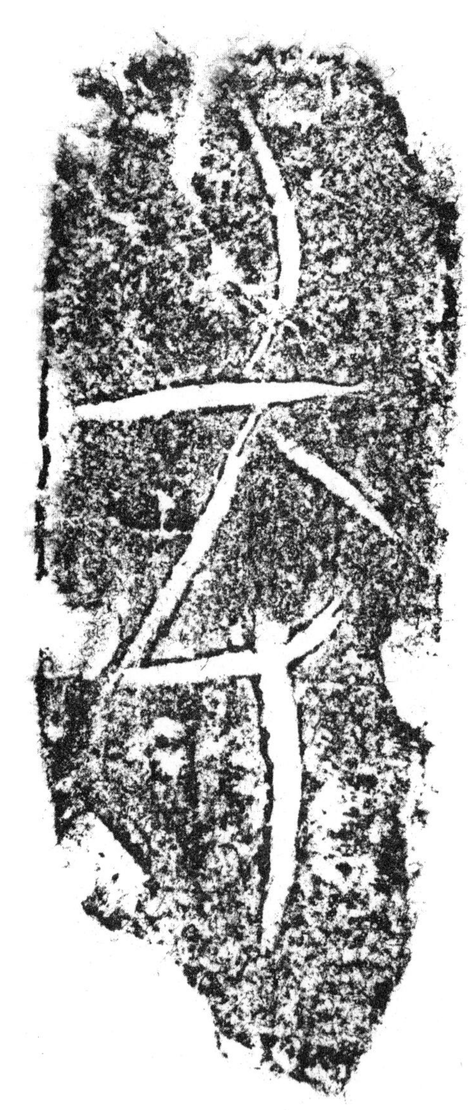

013號　六十磚（一）

中長條磚，字在磚橫頭，竪寫1行，2字。

六十

014號　六十磚（二）

中長條磚，字在磚横頭，竪寫1行，2字。

六十

015號　殘石碑銘文

現存長35釐米，寬23釐米，厚5.2釐米，竪寫6行。

侯歷代式昭□…… 户熾膺天之祜皇□…… 孝友蒸蒸羲行信立…… □由父匡桓惠氓有…… □神祇靡不思齊……□禮□□……

六、白果樹村1號東漢墓

001號　畫像磚

大長條磚，僅存右上角，畫在磚背面，綫刻人物，腿部殘缺。

002號　譙令磚

小長條磚，下部殘，字在繩紋面，竪寫1行，3字。

譙令郢

003號

中長條磚，下部殘，字在繩紋面，竪寫 1行，存2字。

會□

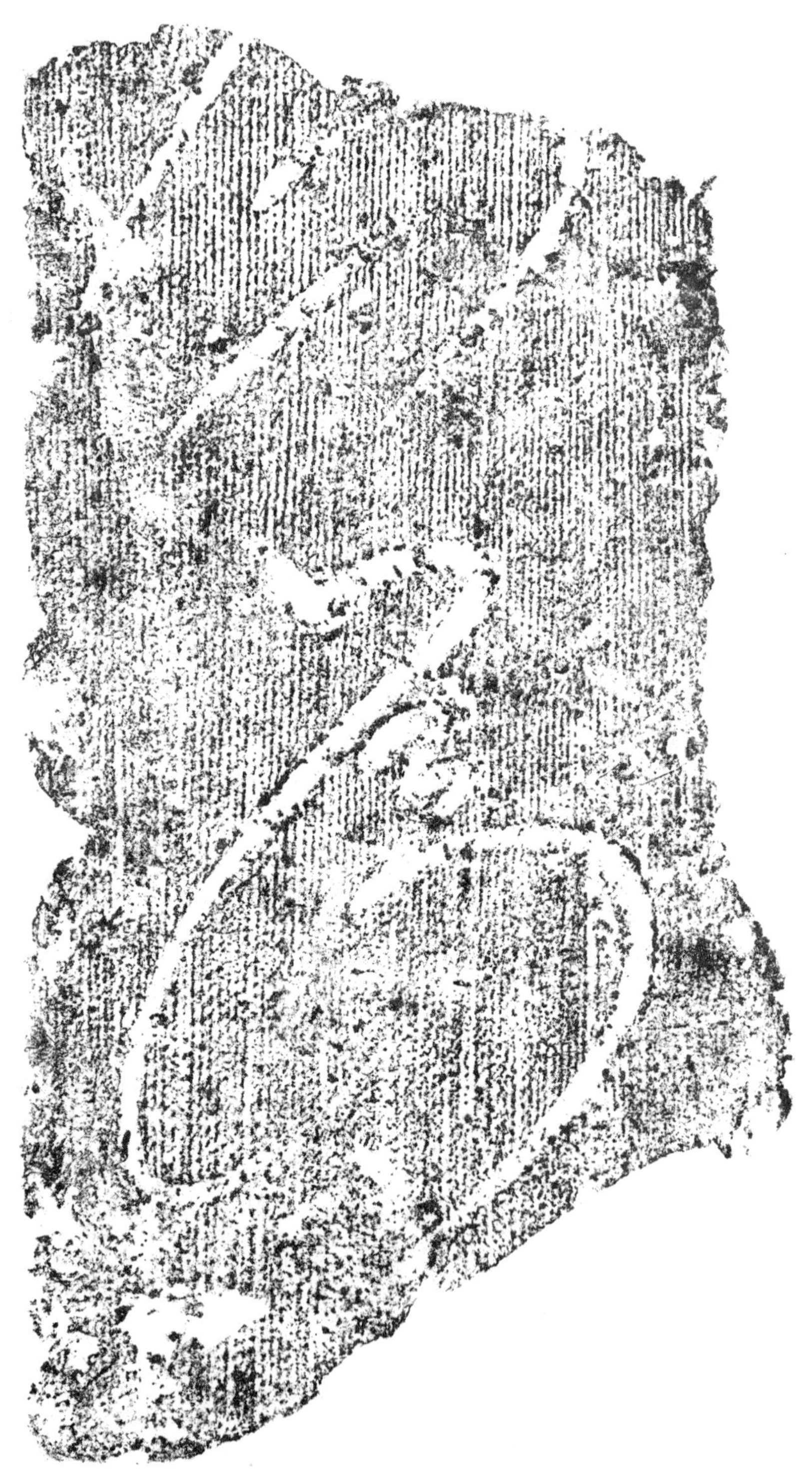

004號　爲爲磚

中長條磚，上部殘，字在繩紋面，竪寫1行，2字。

爲爲

005號　爲磚

中長條磚，字在繩紋面，橫放寫1字。

爲

006號　錢磚

小長條磚，字在磚横頭，竪寫1行，4字。

錢勿短少

007號　帝多作磚

中長條磚，字在磚側面，竪寫1行，6字。

帝多作此辟不

008號　亂字磚

大楔形磚，字在磚横頭，亂字不識。

009號　亂字磚

大長條磚，字在磚横頭，亂字不識。

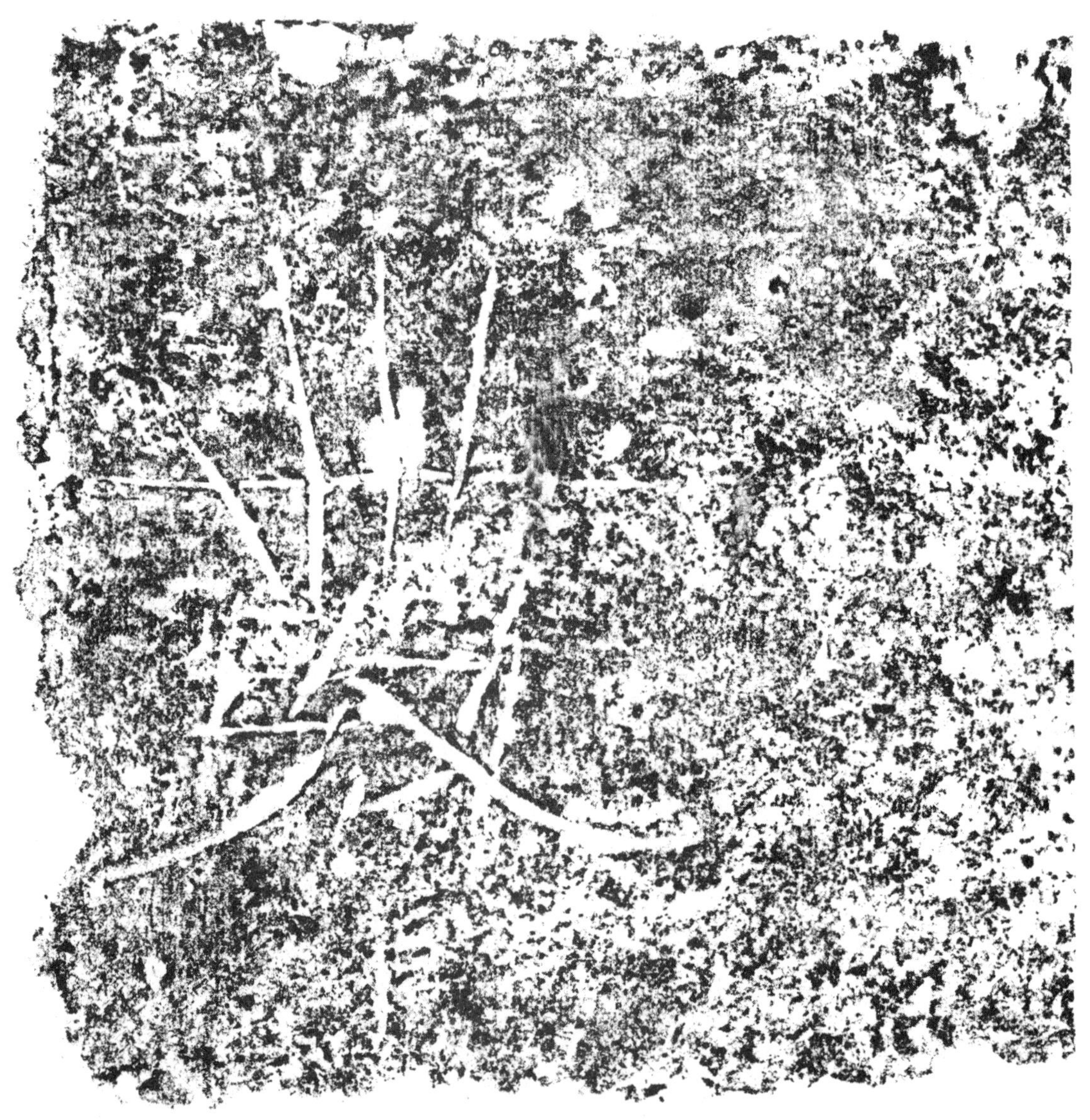

010號　疊壓字磚

中長條磚，横放，字在磚背面，竪寫1行，3字。

卌八百

011號　廿磚

中長條磚，字在磚橫頭，竪寫1字。

廿

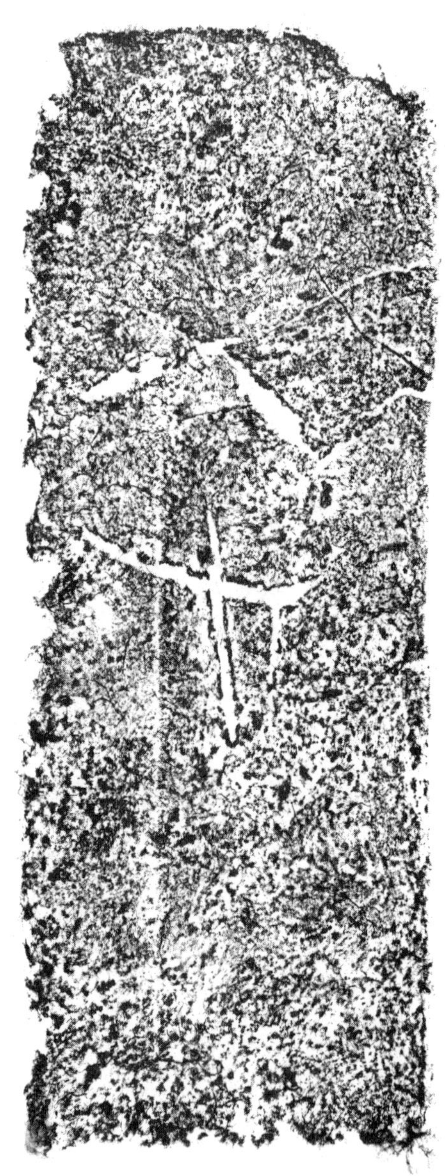

012號　八十磚

中長條磚，字在磚横頭，竪寫1行，2字。

八十

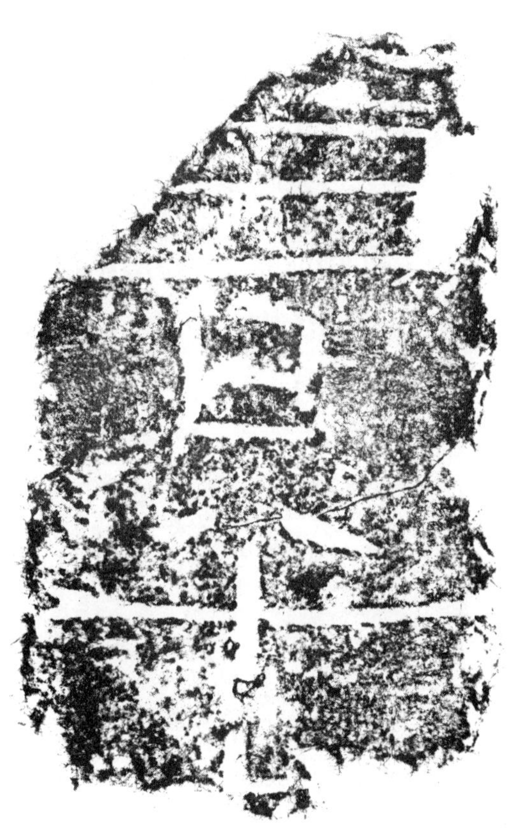

013號　二百八十磚

中長條磚，字在磚橫頭，豎寫1行，4字。

二百八十

014號　六十磚（一）

中長條磚，字在磚橫頭，竪寫1行，2字。

六十

015號　六十磚（二）

中長條磚，字在磚横頭，竪寫1行，2字。

六十

第二篇　夏侯氏墓字磚與文釋

一、汪張村1號東漢墓

001號　沛相長史磚

長條磚，字在繩紋面，豎寫1行，6字。

沛相長史叩頭

002號　沛國譙王泉磚

長條磚，字在繩紋面，竪寫2行，10字。

沛國譙男子王泉叩頭□

003號　功曹史磚

長條磚，字在繩紋面，竪寫1行，5字。

功曹史丁□

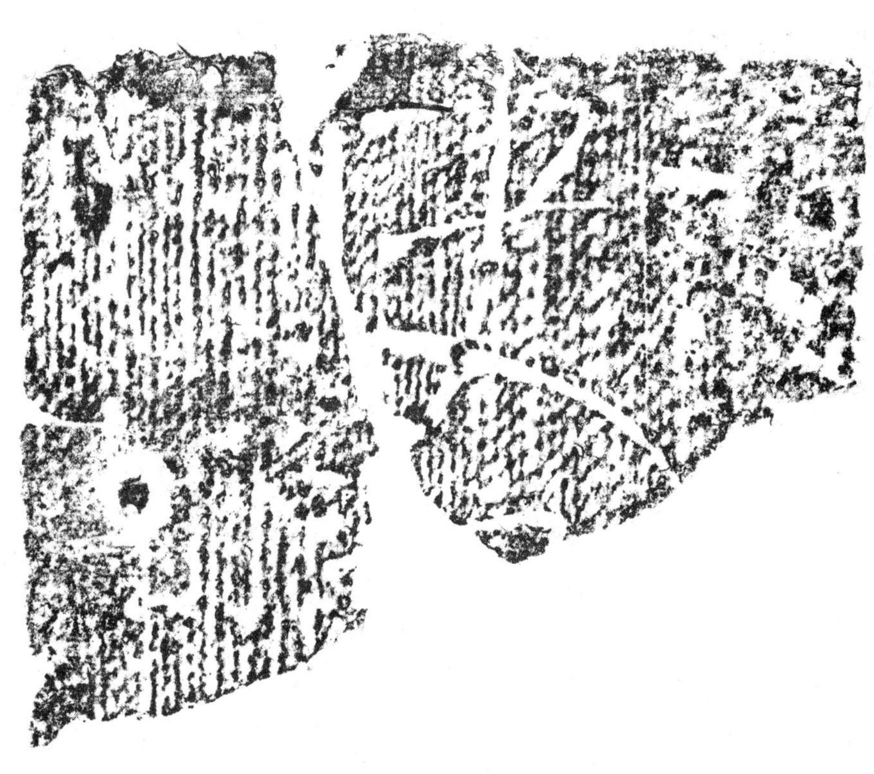

004號　史磚

長條磚，磚下部殘，字在繩紋面，存1字。

史

005號　四夫三高磚

長條磚，僅存右上角，字在繩紋面，豎寫1行，存4字。

四夫三高

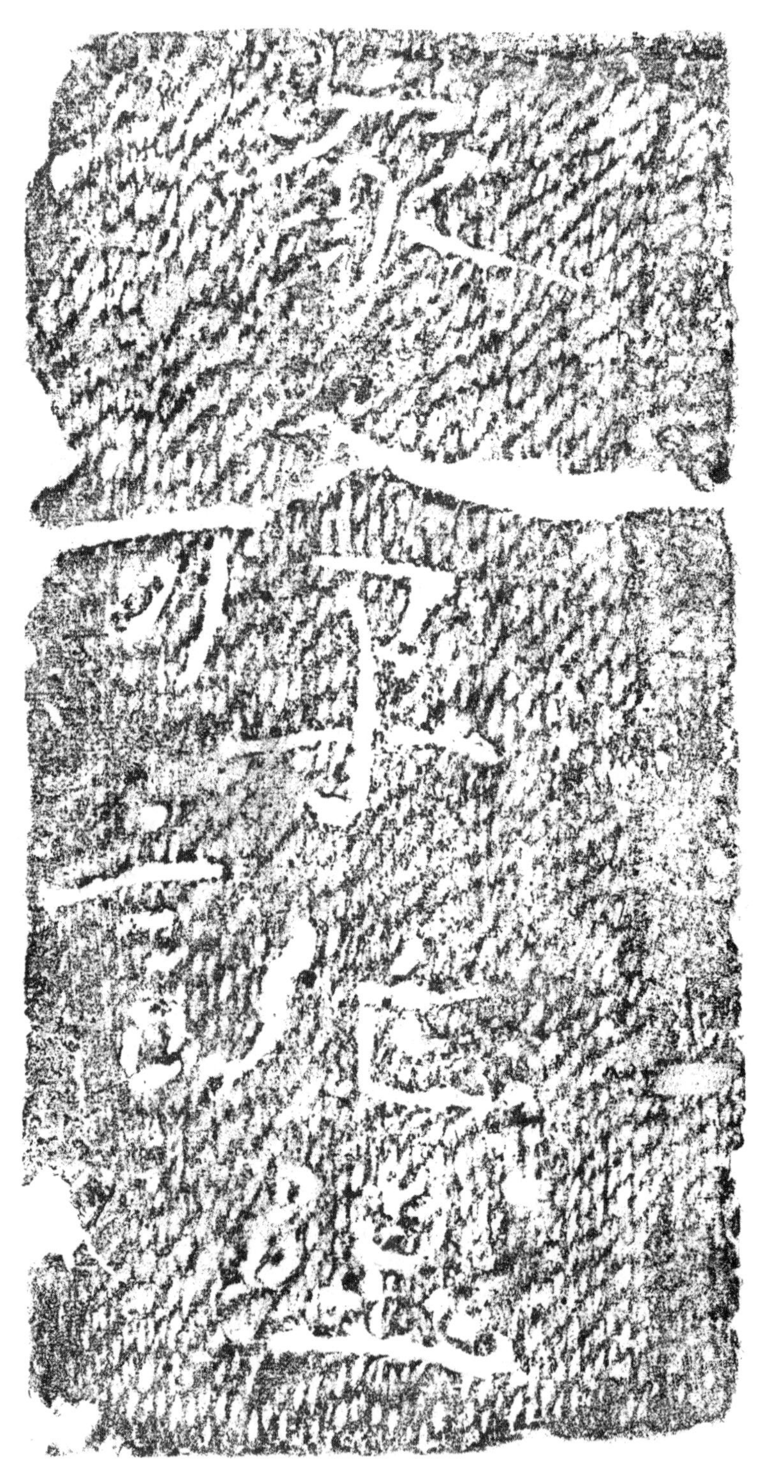

006號　家子作壁磚

長條磚，字在繩紋面，竪寫2行，6字。

家子作壁可言

007號　亭部西磚

長條磚，殘右上角，字在繩紋面，竪寫2行，存9字。

□亭部西雲（？）門雯男子

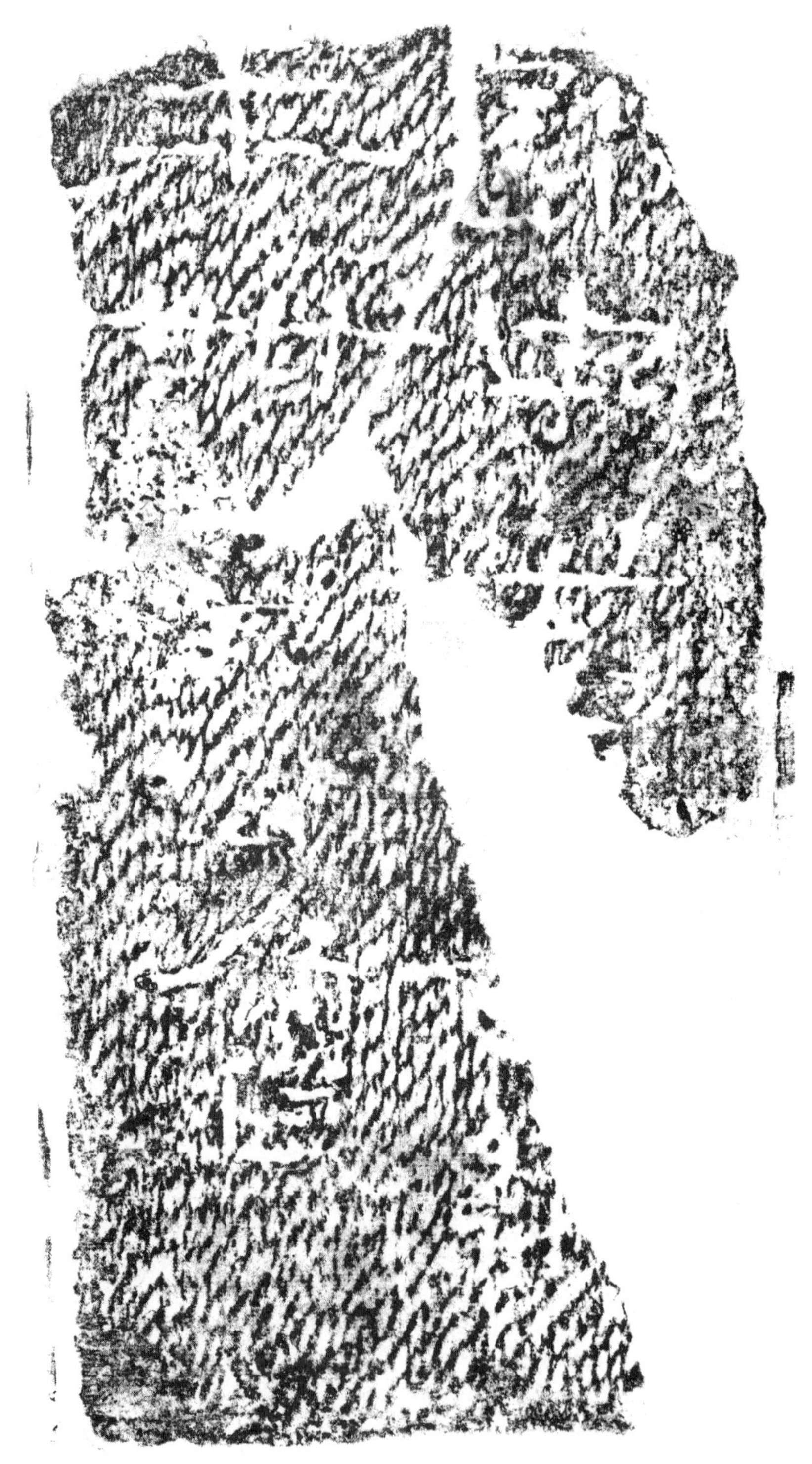

008號　沛中磚

長條磚，右下角缺，字在繩紋面，竪寫2行，存7字。

沛中□干世夕日

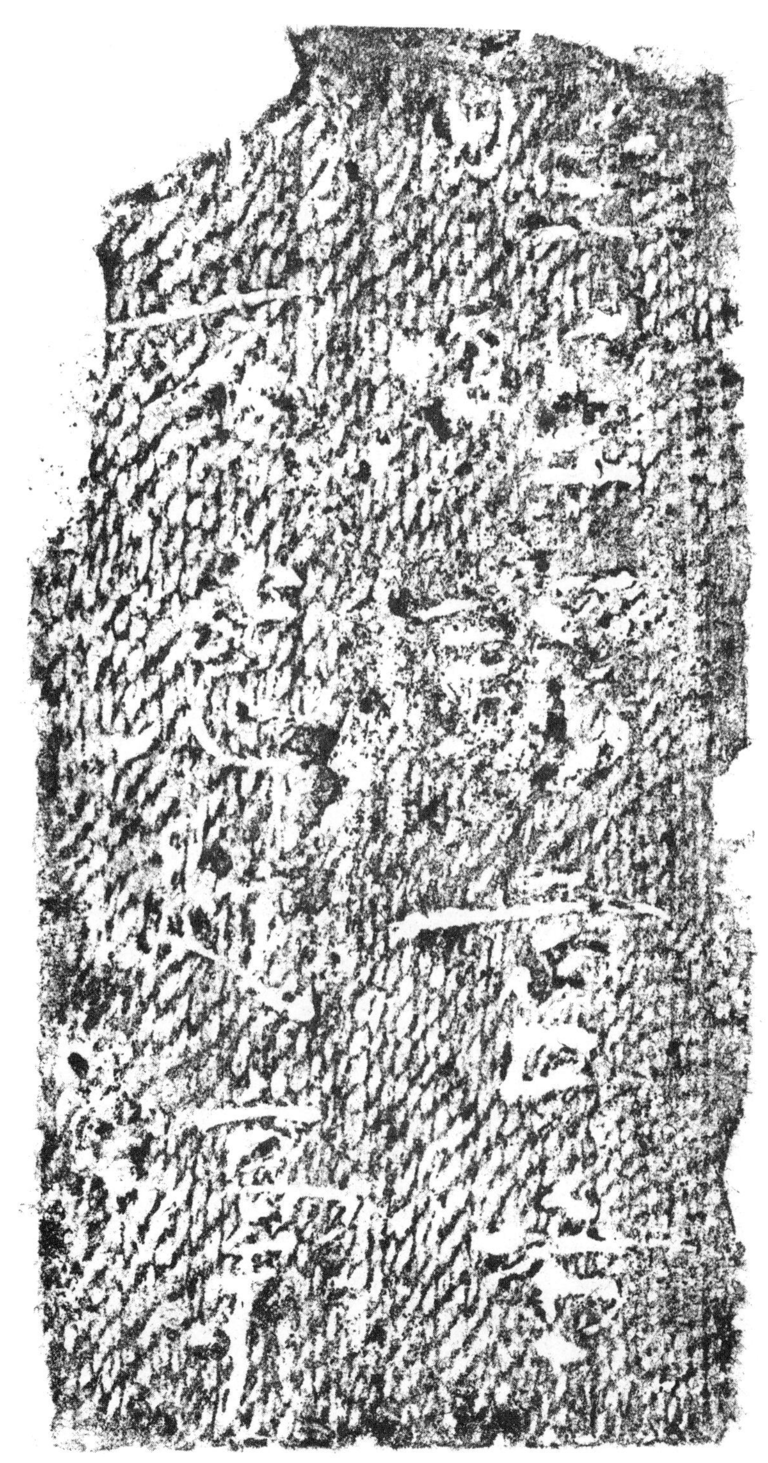

009號　作壁可言磚

長條磚，左上角缺，字在繩紋面，竪寫2行，9字。

作壁可言各一□□亭

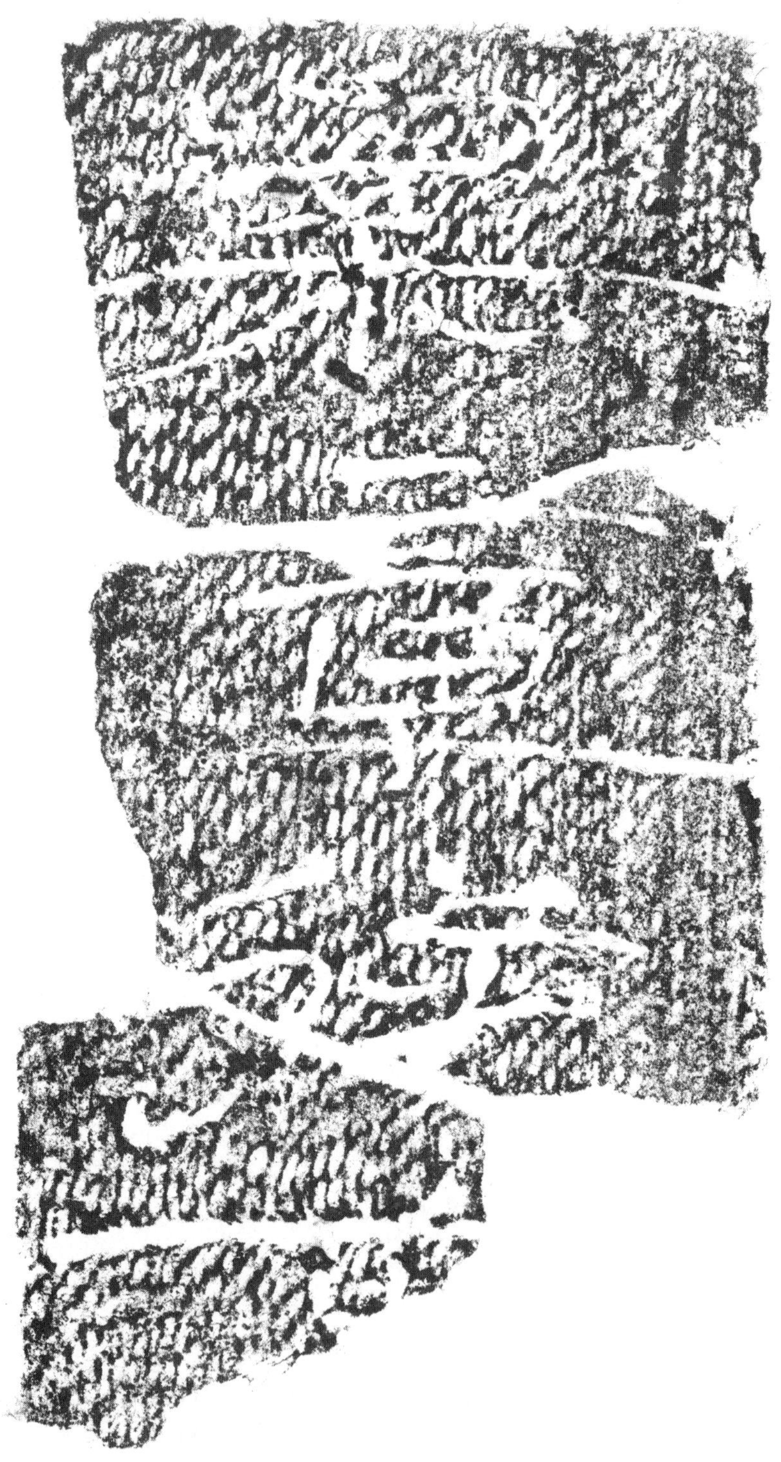

010號　案章磚

長條磚，斷裂，殘右下角，字在繩紋面，竪寫1行，4字。

案章□□

011號　譙□里磚

長條磚，斷裂，字在繩紋面，豎寫1行，8字。

譙□里南北七十三

012號　楊祭磚

長條磚，字在繩紋面，字很亂，僅可辨3字。

楊祭故

013號　譙磚

長條磚，僅存小塊，字在繩紋面，豎寫1行，存3字。

譙太守

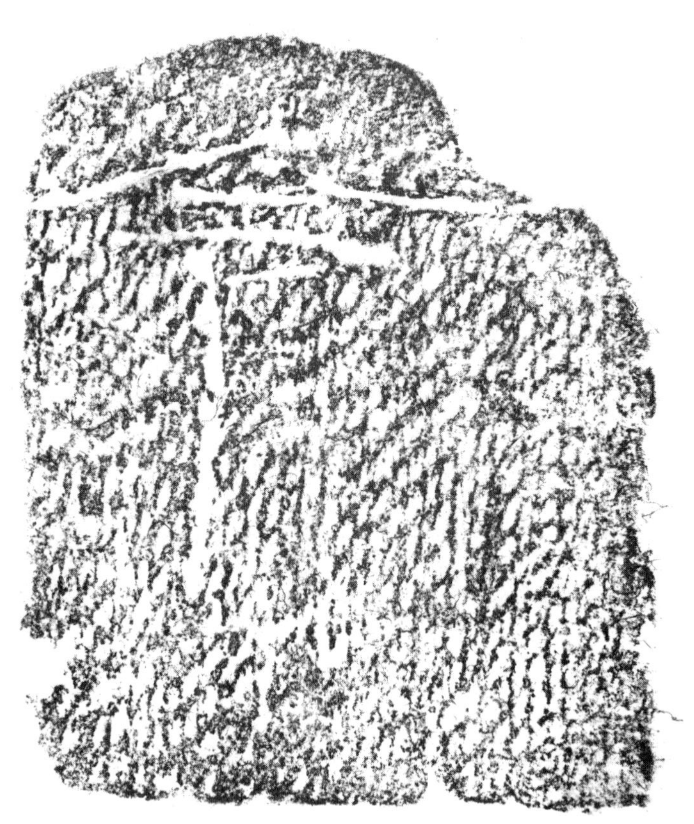

014號　令磚

長條磚，僅存左下角，字在繩紋面，竪寫1字。

令

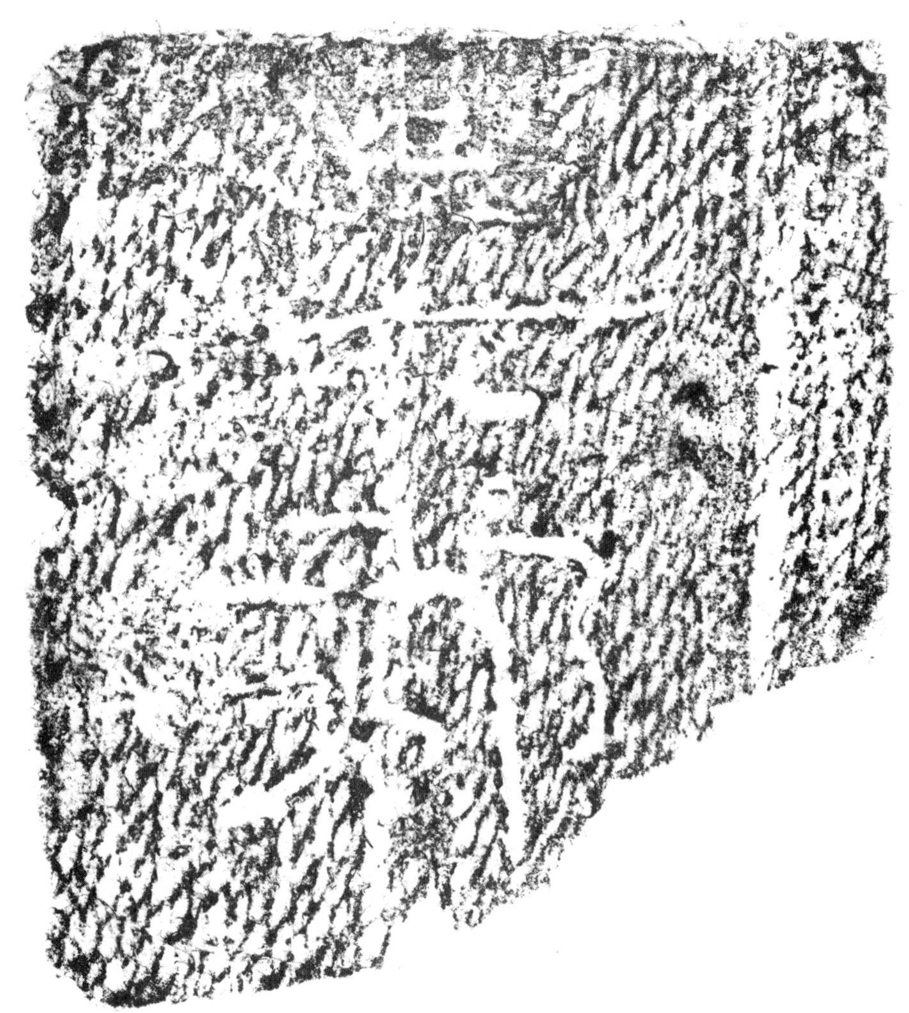

015號　□郡磚

長條磚，下部殘，字在繩紋面，竪寫1行，2字。

□郡

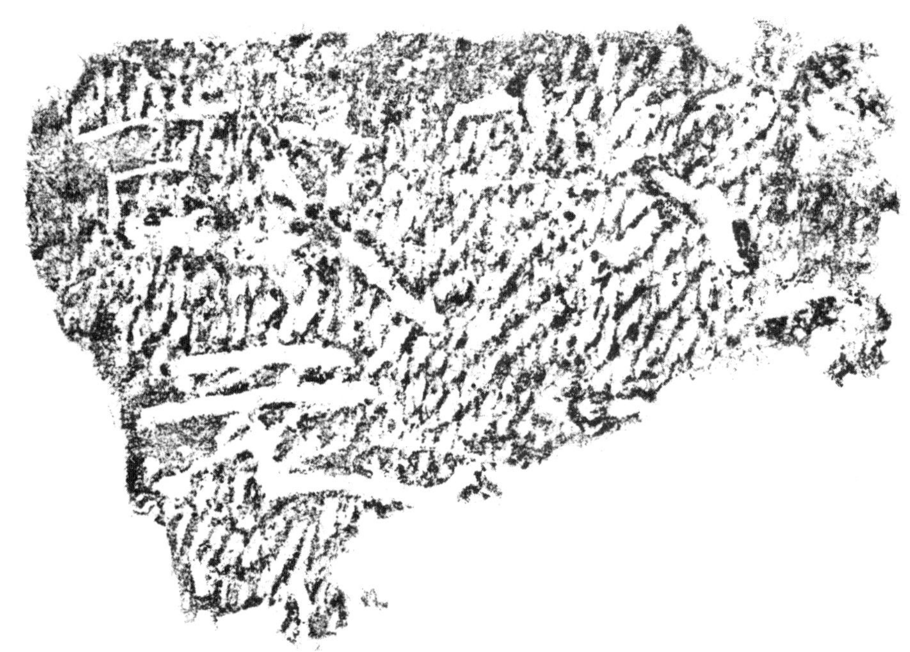

016號　故亡磚

長條磚，小磚塊，字在繩紋面，竪寫1行，2字。

故亡

017號　再拜叩頭磚

長條磚，右上角殘，字在背面，磨平，竪寫5行，60字。

□□□□□□□□再拜叩頭敢□□立史少□口令聞敢不相見□□念前年具事欸具竟若息□冬去雹自居貧於人而生以是歸前□十月□復□敕□

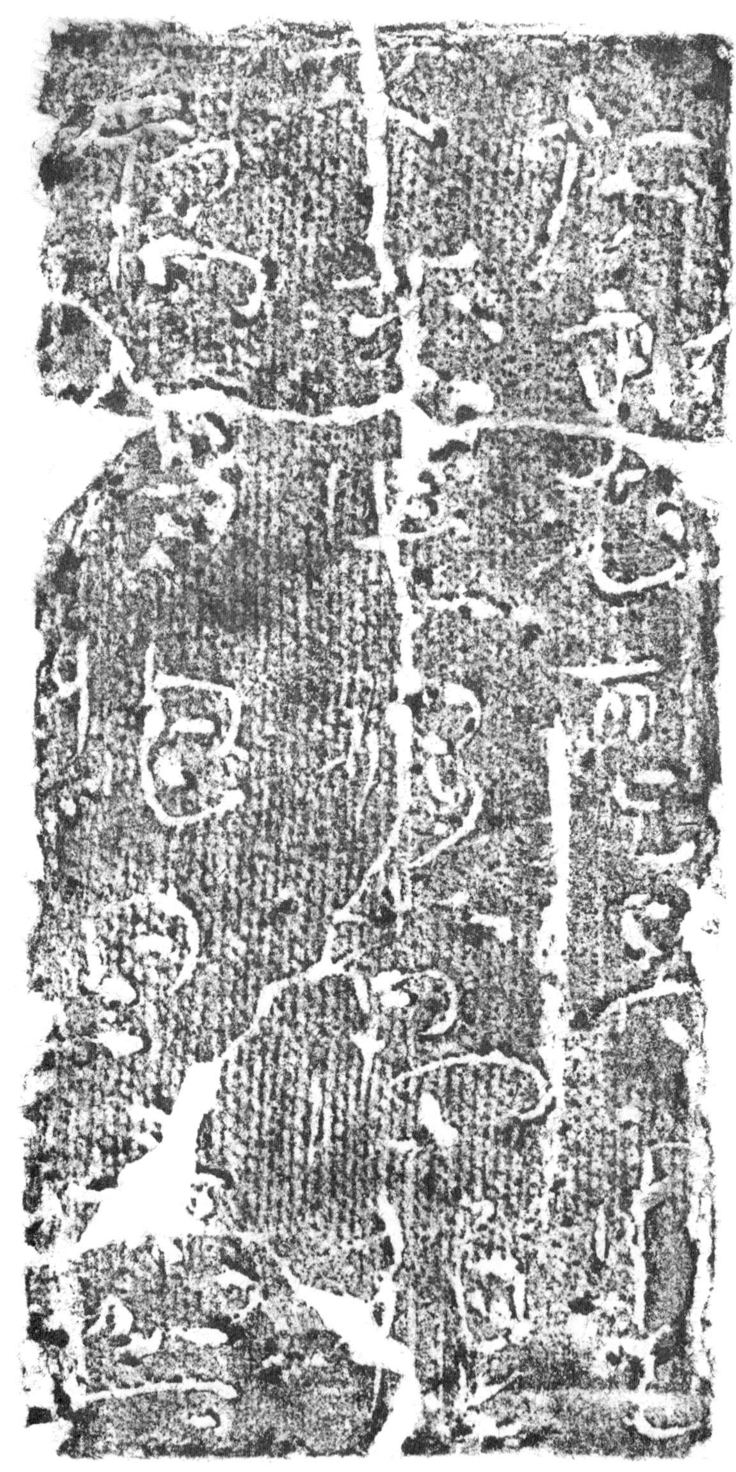

018號　阿吏磚

長條磚，字在繩紋面，竪寫3行，22字。

阿吏心□具□□求北是乃當知伯□當知伯相思□□

019號　九月二十一日具書磚

長條磚，左下角殘，繩紋面，竪寫3行，25字。

九月廿一日具書共□顔遵心傳□頃不相見也遲別去□□□

020號　吏具磚

長條磚，上半殘缺，字在繩紋面，竪寫3行，存10字。

□吏具□不相思也□□

021號　孱磚

長條磚，下部殘缺，字在繩紋面，竪寫3行，9字。

□孱□自謂還需阿书

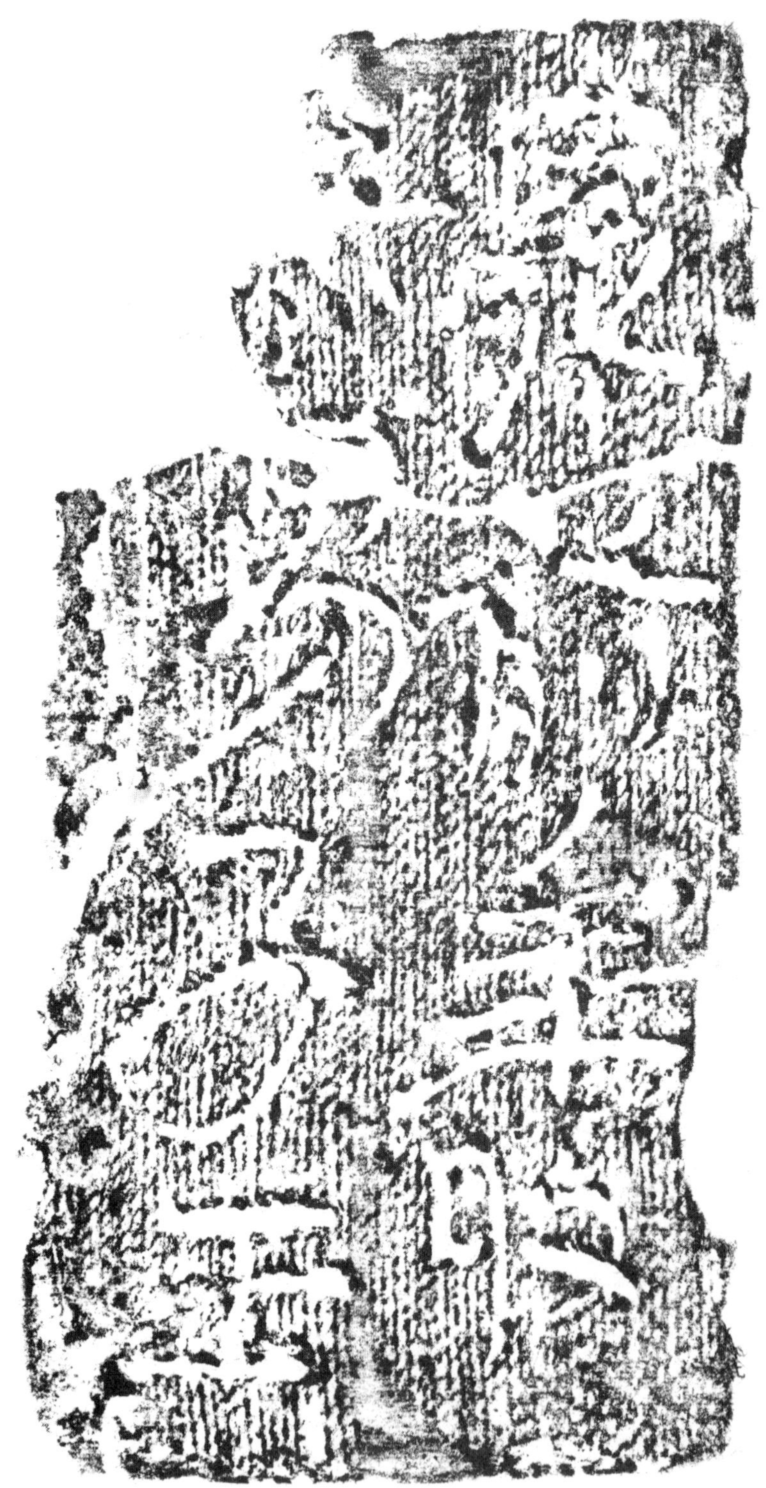

022號　最前年磚

長條磚，左上角缺，字在繩紋面，竪寫2行，8字。

最前年收□男子王

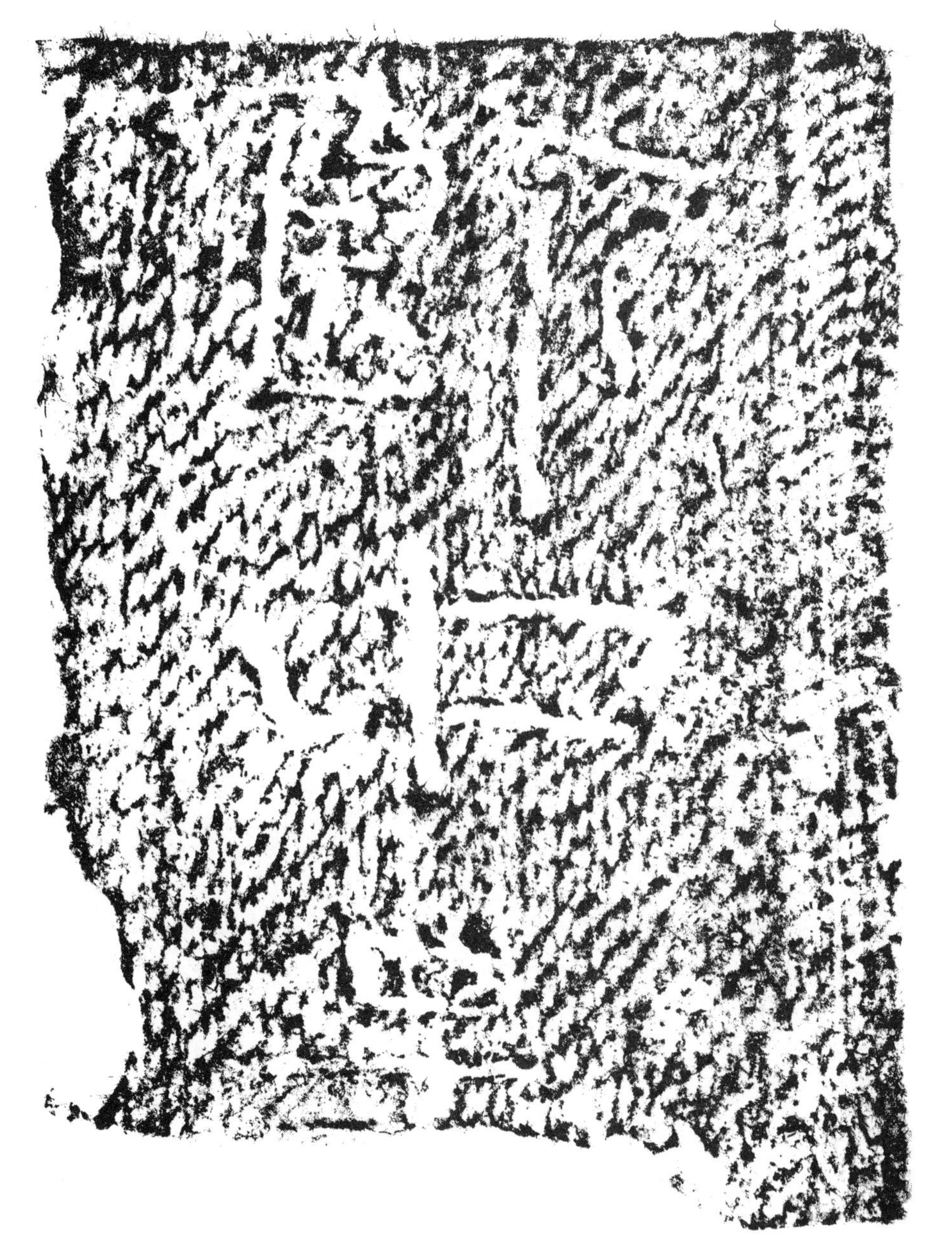

023號　郎中磚

長條磚，下部殘，字在粗繩紋面，竪寫1行，存3字。

郎中□

024號　君行必忠磚

長條磚，字在繩紋面，上、下、右均殘，竪寫1行，4字。

君行必忠

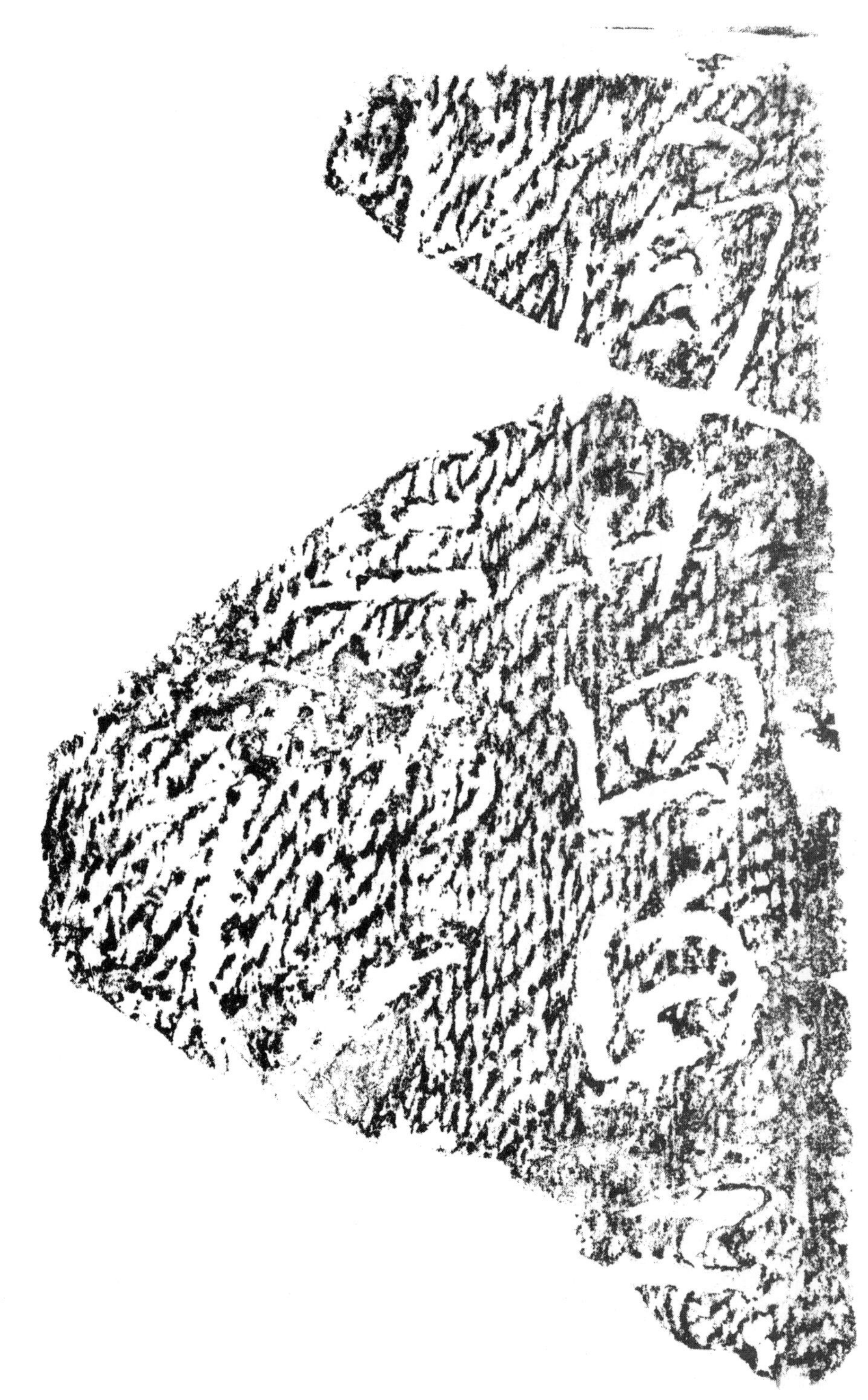

025號　一月廿四日磚

長條磚，殘裂，字在粗繩紋面，竪寫2行，存8字。

一月廿四日工 □□

026號　易舍五常磚

長條磚，字在磚側面，竪寫1行，5字。

易舍五常何

027號　此壁磚

長條磚，字在磚側面，竪寫1行，可辨3字。

此……壁本

028號　字�櫗左帝磚

長條磚，下殘，字在磚側面，竪寫1行，4字。

字譕左帝

029號　之際磚

長條磚，磚殘，字在磚側面，竪寫1行，存2字。

之際

030號　弟磚

長條磚，磚殘，字在磚側面，存1字。

弟

031號　不登上磚

長條磚，上、下殘，字在磚側面，竪寫1行，存4字。

不登上有

032號　獨自恙磚

長條磚，磚殘，字在磚側面，竪寫1行，存3字。

獨自恙

033號　王磚

長條磚，磚殘，字在磚側面，竪寫1行，存3字。

王□王

034號　此來磚

長條磚，字在磚側面，竪寫1行，2字。

此來

035號　自從磚

長條磚，字在磚側面，竪寫1行，2字。

自從

036號　陽磚

長條磚，字在磚側面，存1字。

陽

037號　當與之磚

長條磚，上、下殘，字在磚側面，竪寫1行，存3字。

當與之

038號　張幸磚

長條磚，字在磚横頭，竪寫1行，2字。

張幸

039號　二山磚

長條磚，磚殘，字在磚側面，豎寫1行，存4字。

日□二山

040號　也命磚

長條磚，磚殘，字在磚側面，竪寫1行，存3字。

□也命

041號　疎獨磚

長條磚，字在磚橫頭，竪寫1行，存3字。

并疎獨

042號　白虞磚

長條磚，下殘，字在繩紋面，竪寫2行，存5字。

頃不相白虞

043號　大門磚

長條磚，磚殘，字在繩紋面，豎寫1行，存2字。

大門

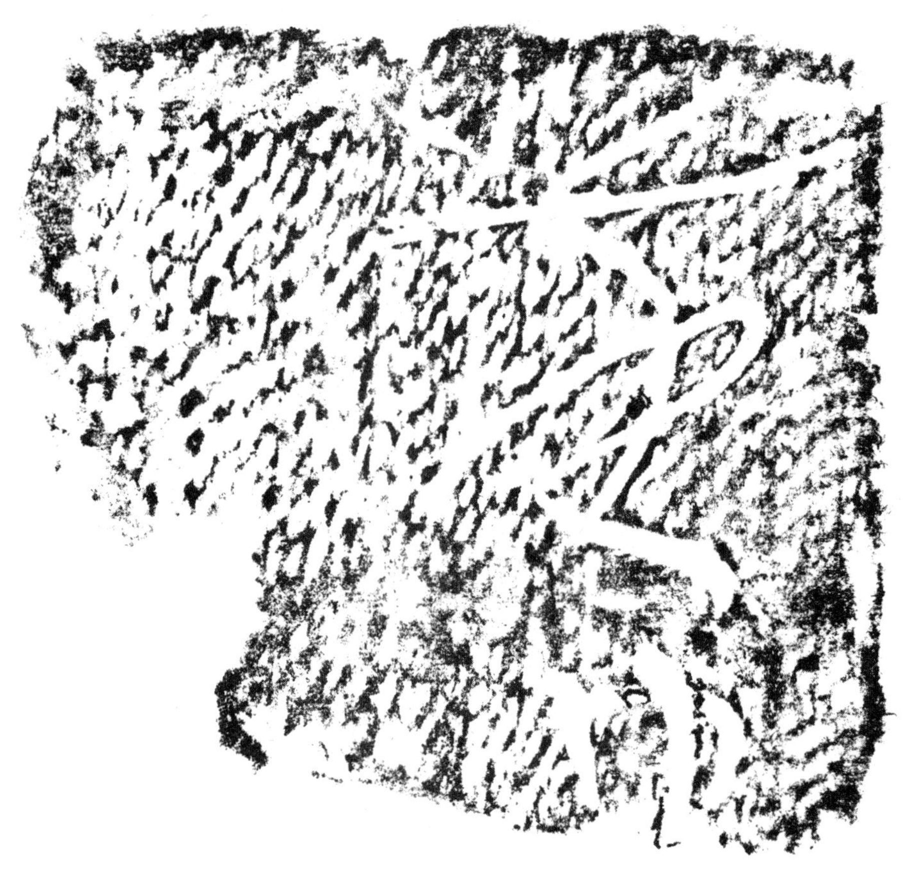

044號　此吏磚

長條磚，下殘，字在粗繩紋面，竪寫1行，存3字。

此吏□

045號　此行長百磚

長條磚，左殘，字在繩紋面，橫放豎寫4行，存9字。

此行長百五十四頭□

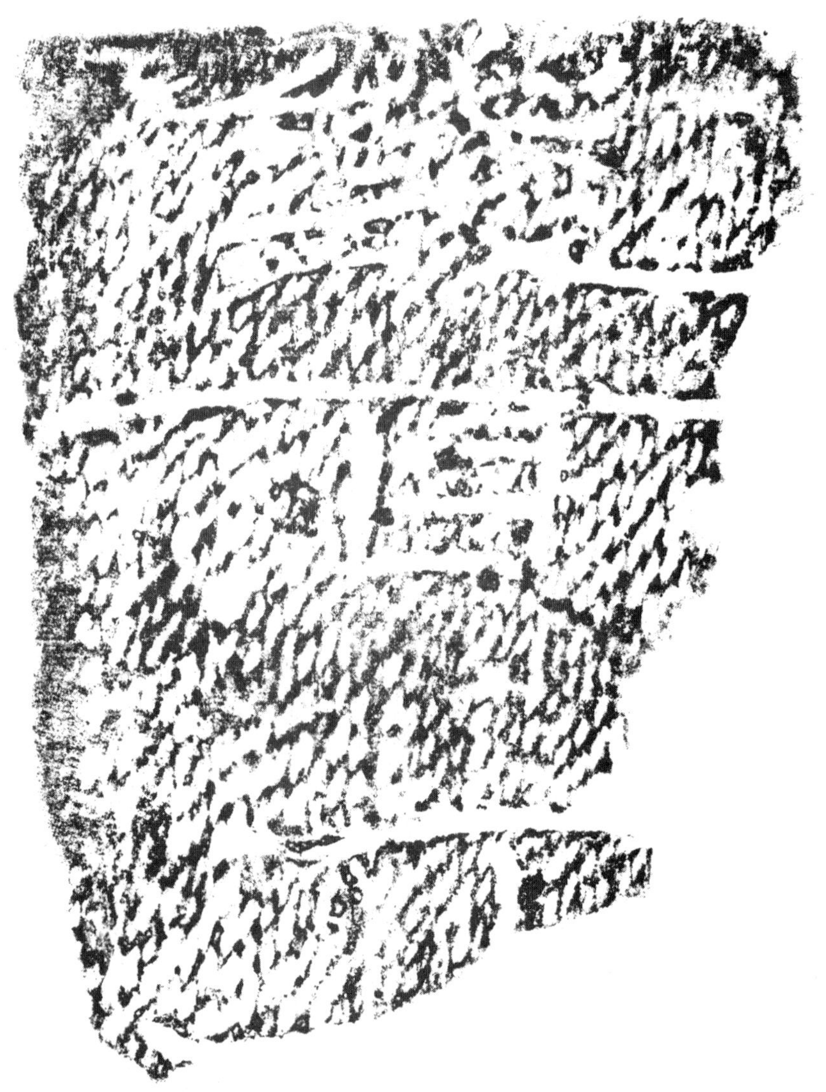

046號　錢百磚

長條磚，右下部殘，字在粗繩紋面，竪寫1行，存3字。

錢百□

047號　忠不磚

長條磚，上、右部殘，字在繩紋面，竪寫1行，存3字。

□忠不

048號　三磚

長條磚，字在繩紋面，竪寫1字。

三

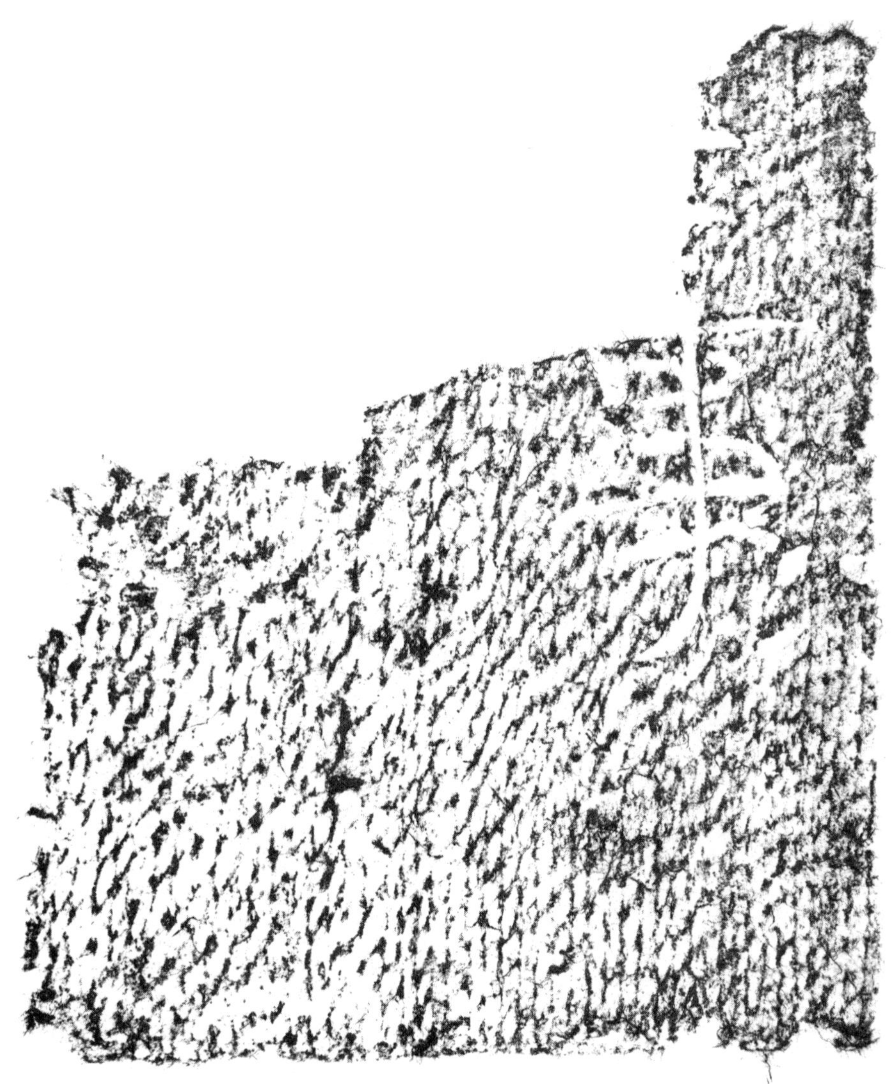

049號　事磚

長條磚，上部殘，字在粗繩紋面，豎寫1字。

事

050號　家磚

長條磚，上半部殘，字在繩紋面，斜寫1字。

家

051號　但磚

長條磚，存右下部，字在繩紋面，斜寫1字。

但

052號　九百一磚

長條磚，下半部殘，字在粗繩紋面，竪寫1行，存3字。

九百一

053號　四人具作磚

長條磚，字在磚橫頭，竪寫1行，4字。

四人具作

054號　一貫磚

長條磚，磚殘，字在磚側面，竪寫1行，4字。

一貫□□

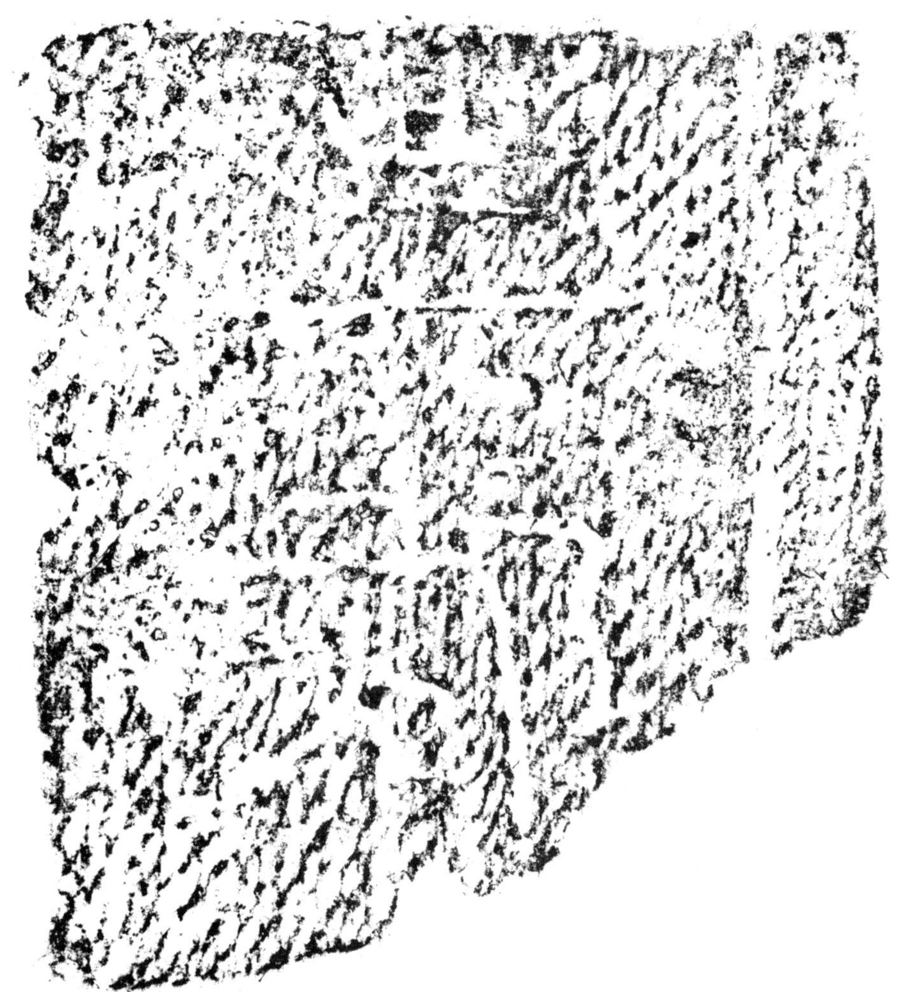

055號　吴郡磚

長條磚，下半部殘，字在粗繩紋面，竪寫1行，存2字。

吴郡

056號　夕陽磚

長條磚，僅存下部，字在粗繩紋面，竪寫3行，存5字。

□□林夕陽

057號　十五磚

長條磚，磚殘，字在粗繩紋面，竪寫1行，存3字。

十五二

058號　小年磚

長條磚，磚殘，字在粗繩紋面，可辨3字。

小年字

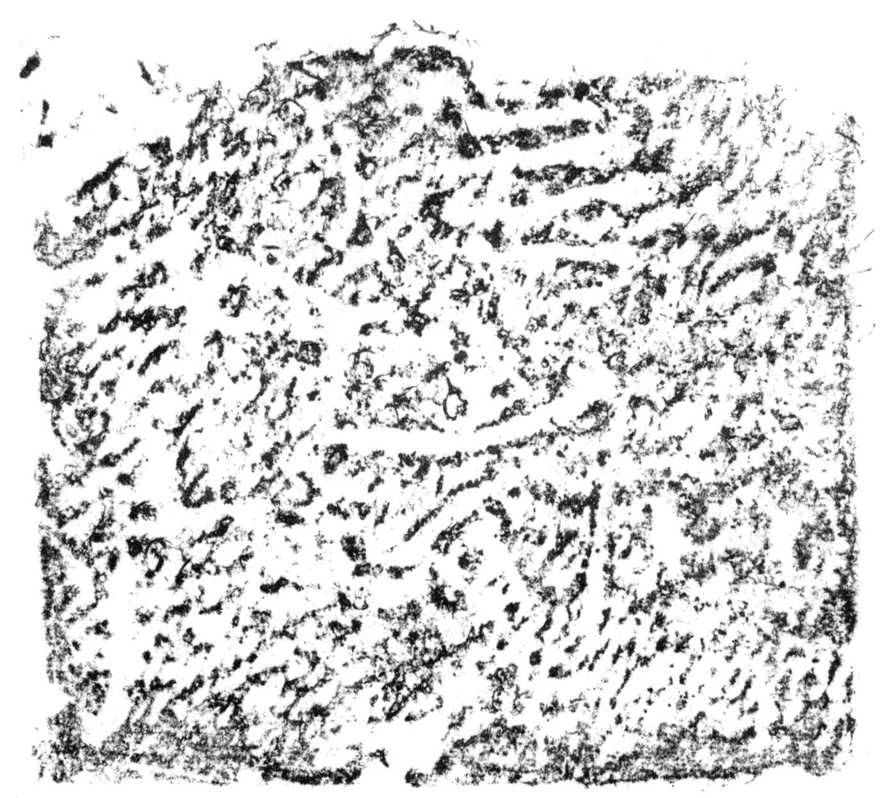

059　作磚

長條磚，上大部殘，字在粗繩紋面，竪寫1行，存2字。

作□

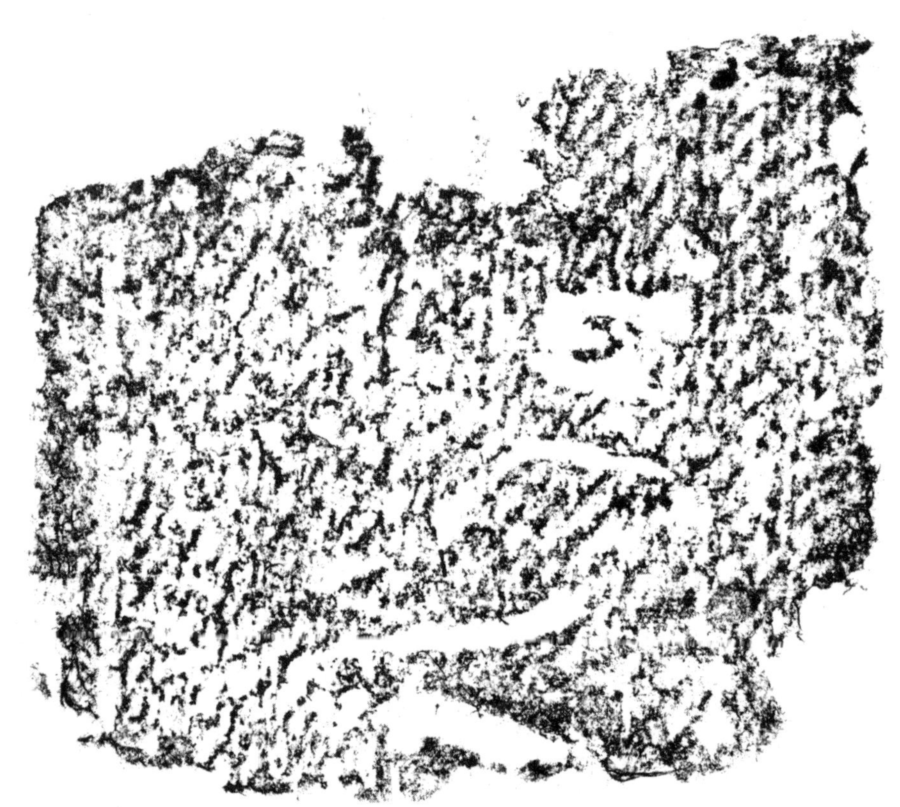

060號　旦之磚

長條磚，磚殘，字在粗繩紋面，存2字。

旦之

061號　享九磚

長條磚，磚殘，字在粗繩紋面，竪寫1行，存3字。

□享九

062號　字迹磚

長條磚，磚殘，字在粗繩紋面，字迹不識。

063號　字迹磚

長條磚，磚殘，字在粗繩紋面，字迹不識。

064號　字迹磚

長條磚，磚殘，字在粗繩紋面，字迹不識。

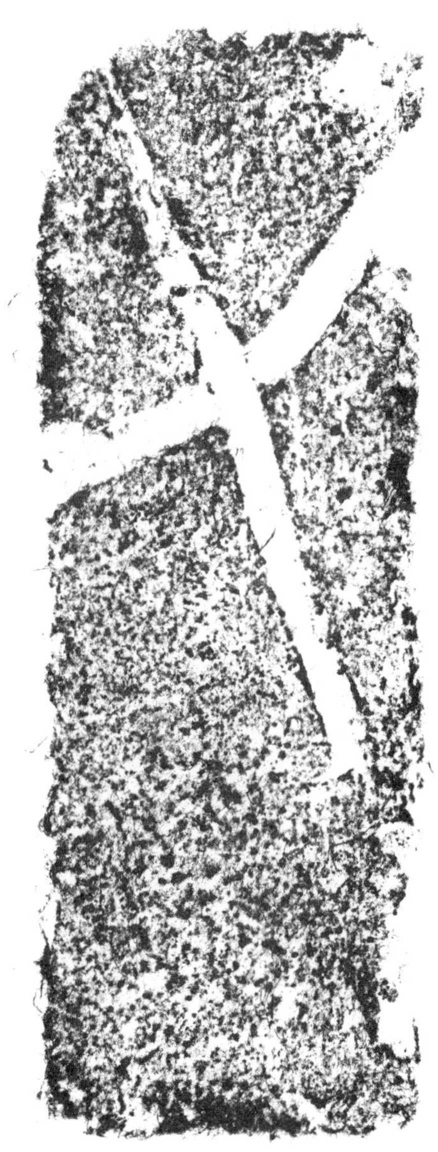

065號　十磚（一）

長條磚，字在磚横頭，竪寫1字。

十

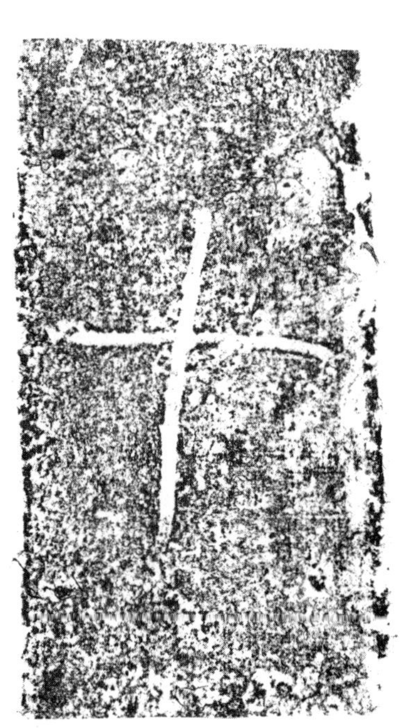

066號　十磚（二）

長條磚，字在磚横頭，竪寫1字。

十

067號　十磚（三）

長條磚，字在磚橫頭，竪寫1字。

十

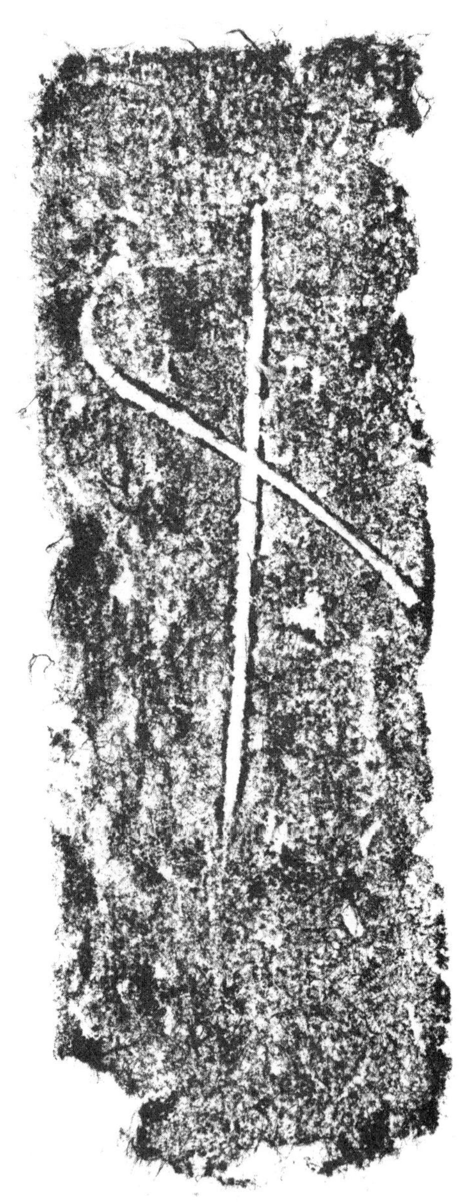

068號　十磚（四）

長條磚，字在磚横頭，竪寫1字。

十

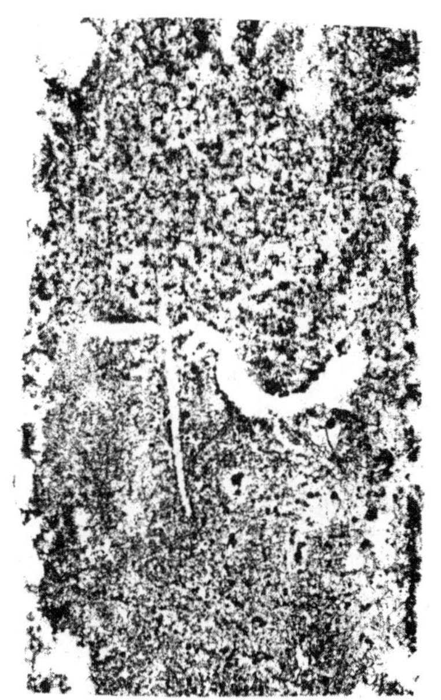

069號　十磚（五）

長條磚，字在磚橫頭，竪寫1字。

十

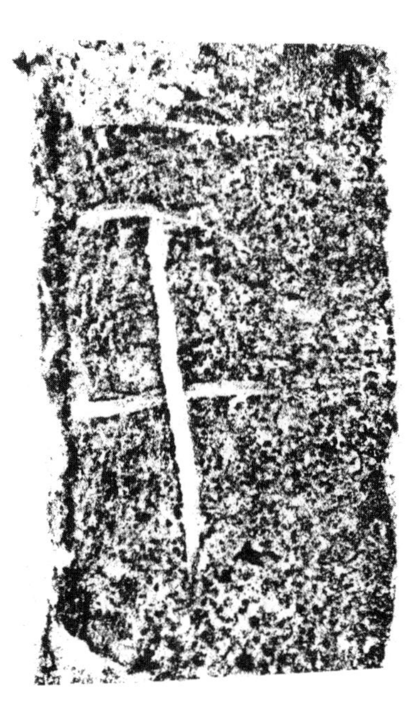

070號　十磚（六）

長條磚，字在磚横頭，竪寫1字。

十

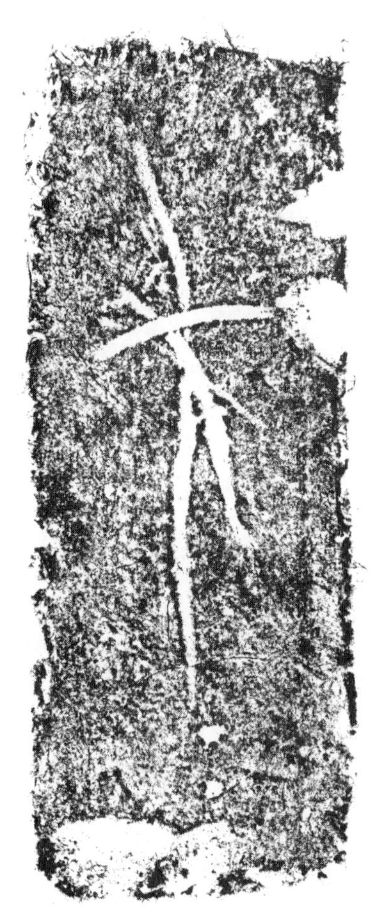

071號　十磚（七）

長條磚，字在磚橫頭，叠壓竪寫2字。

十一

072號　十十磚（一）

長條磚，字在磚横頭，竪寫1行，2字。

十十

073號　十十磚（二）

長條磚，字在磚橫頭，5字。

十十十十十（後4字不規則）

074號　四十磚

長條磚，字在磚横頭，竪寫1行，2字。

四十

075號　五十磚

長條磚，字在磚橫頭，竪寫1行，2字。

五十

076號　六十磚

長條磚，字在磚橫頭，竪寫1行，2字。

六十

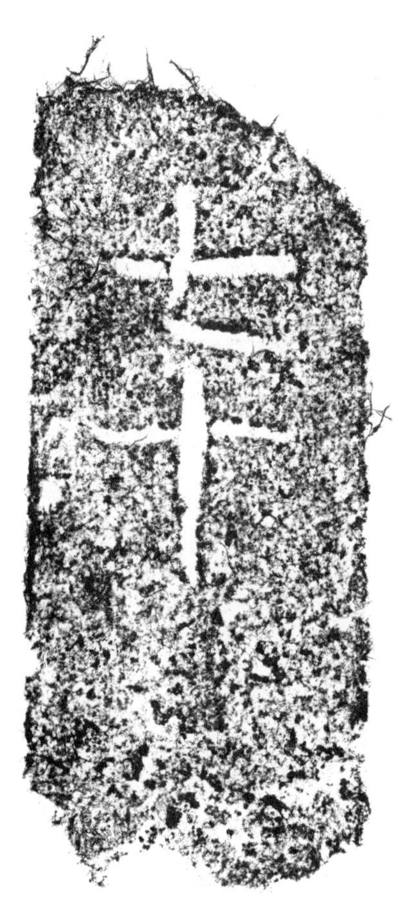

077號　七十磚

長條磚，字在磚橫頭，竪寫1行，2字。

七十

078號　八十磚（一）

長條磚，字在磚横頭，竪寫1行，2字。

八十

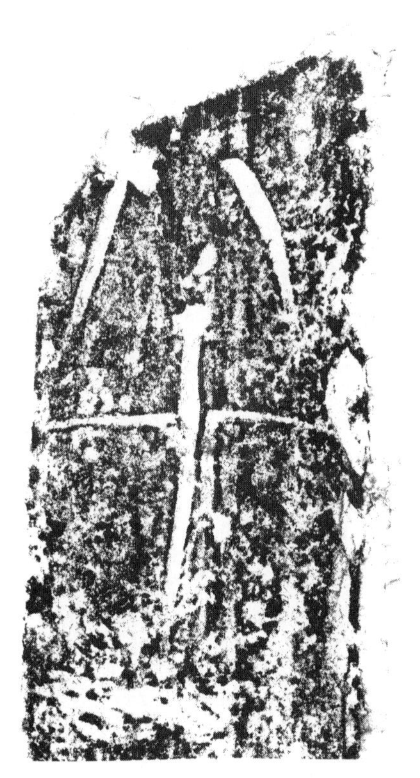

079號　八十磚（二）

長條磚，字在磚橫頭，竪寫1行，2字。

八十

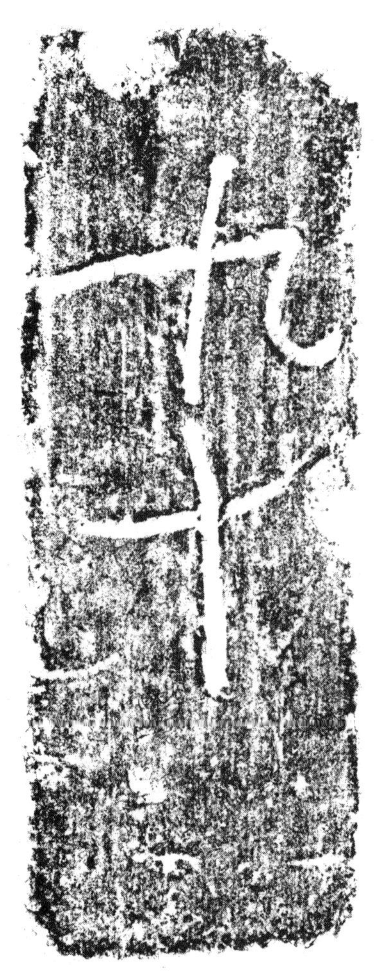

080號　九十磚

長條磚，字在磚横頭，竪寫1行，2字。

九十

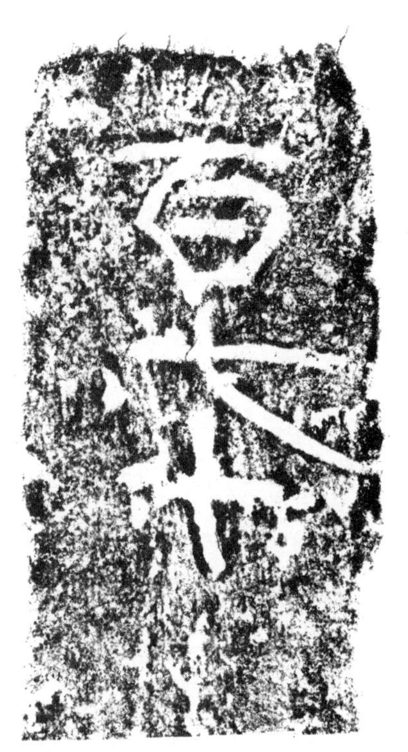

081號　百七十磚

長條磚，字在磚橫頭，竪寫1行，3字。

百七十

082號　七百卅磚（一）

長條磚，字在磚横頭，竪寫1行，3字。

七百卅

083號　六百七十磚

長條磚，字在磚橫頭，竪寫1行，4字

六百七十

084號　七百卅磚（二）

長條磚，字在磚横頭，竪寫1行，3字。

七百卅

085號　四四九一磚

長條磚，磚殘，字在磚橫頭，竪寫1行，5字。

□四四九一

086號　大不磚

長條磚，磚殘，字在磚横頭，竪寫1行，存2字。

大不

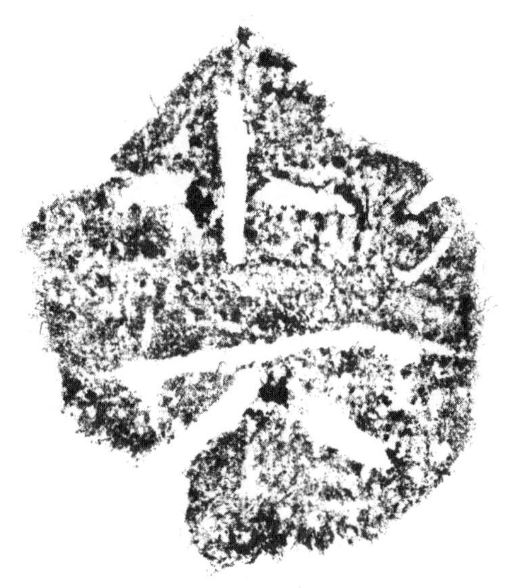

087號　尖磚

長條磚，磚殘，字在繩紋面，存1字。

尖

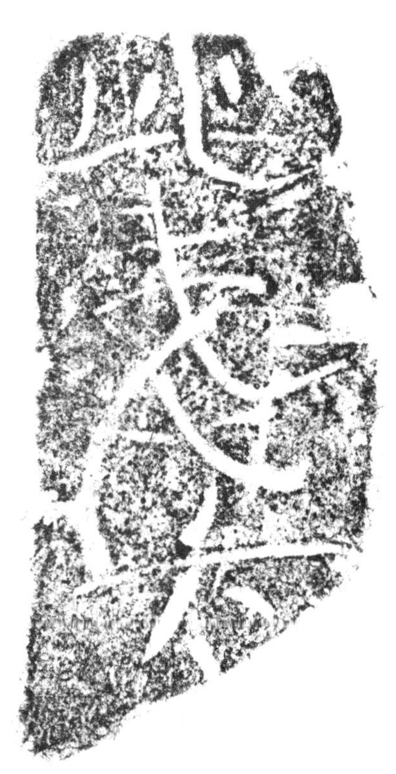

088號　此七磚

長條磚，字在磚横頭，竪寫1行，存4字。

此七七六

二、化肥廠1號東漢墓

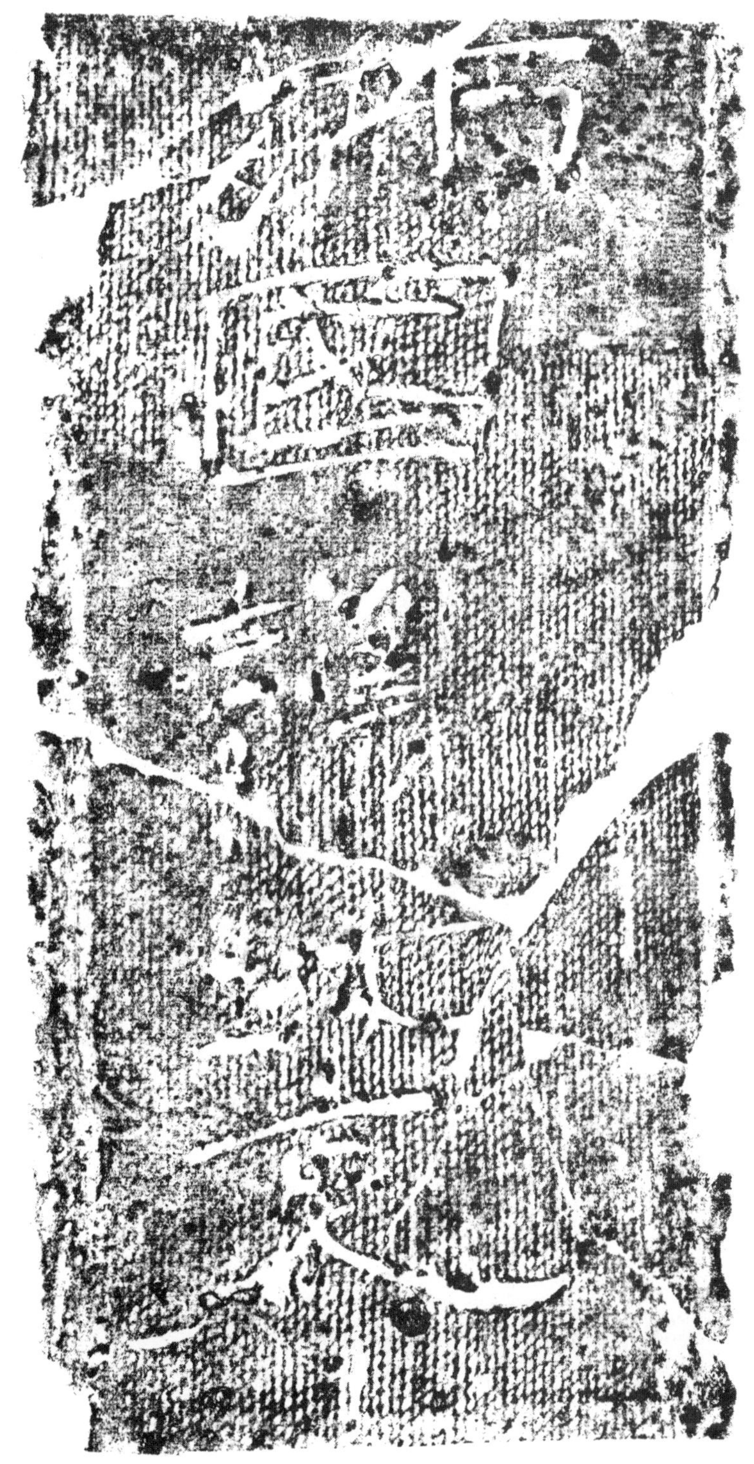

001號　沛國譙磚

小長條磚，字在繩紋面，竪寫1行，5字。

沛國譙□哀

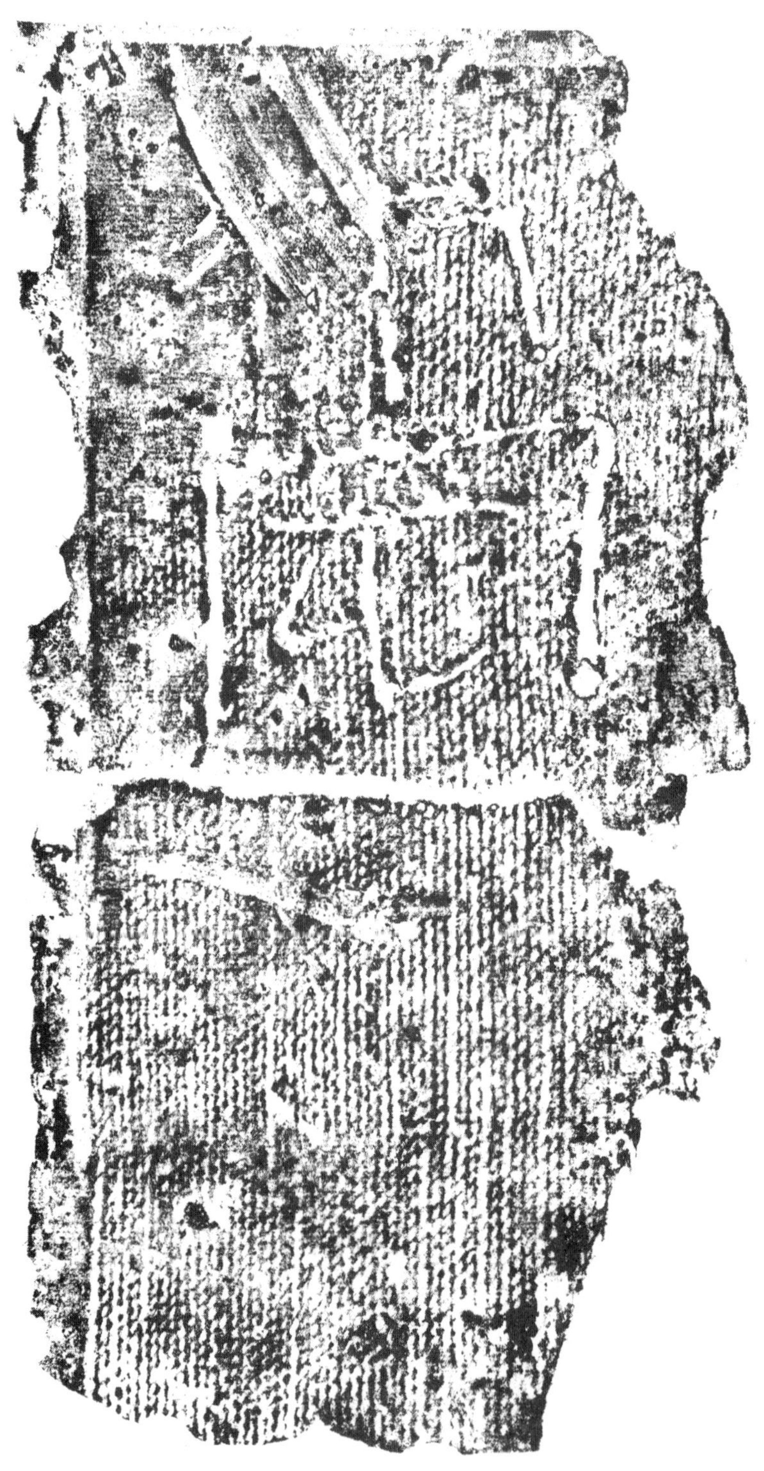

002號　沛國磚

小長條磚，字在繩紋面，竪寫1行，2字。

沛國

003號　**中平四年磚**

小長條磚，字在繩紋面，左起竪寫2行，11字。

中平四年七月廿三日□作

004號　費磚

小長條磚，字在繩紋面，竪寫1行9字，左又加1行小字，可辨3字。

費九月十四日作东西七心些

005號　**費阿旦磚**

小長條磚，字在繩紋面，竪寫1行，3字。

費阿旦

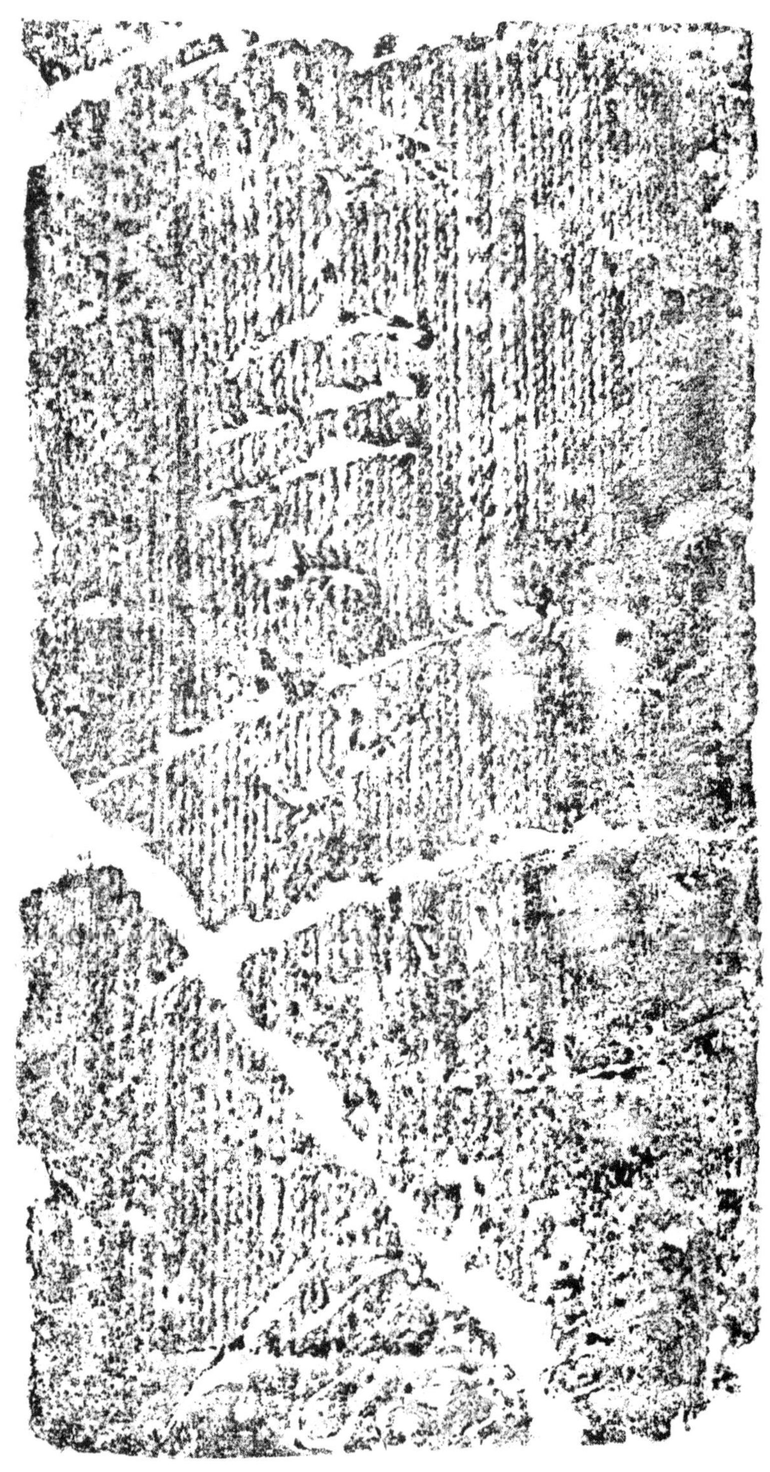

006號　字子磚

中長條磚，字在繩紋面，竪寫1行，5字。

□字子□家

007號　衣子磚

小長條磚，磚殘裂，字在繩紋面，豎寫1行，6字。

□□所（?）問（?）衣子

008號　朱磚

中長條磚，字在繩紋面，竪寫1行，3字。

朱□□

009號　須隶磚

中長條磚，右下角斷裂，字在繩紋面，豎寫2行，4字。

有□須隶

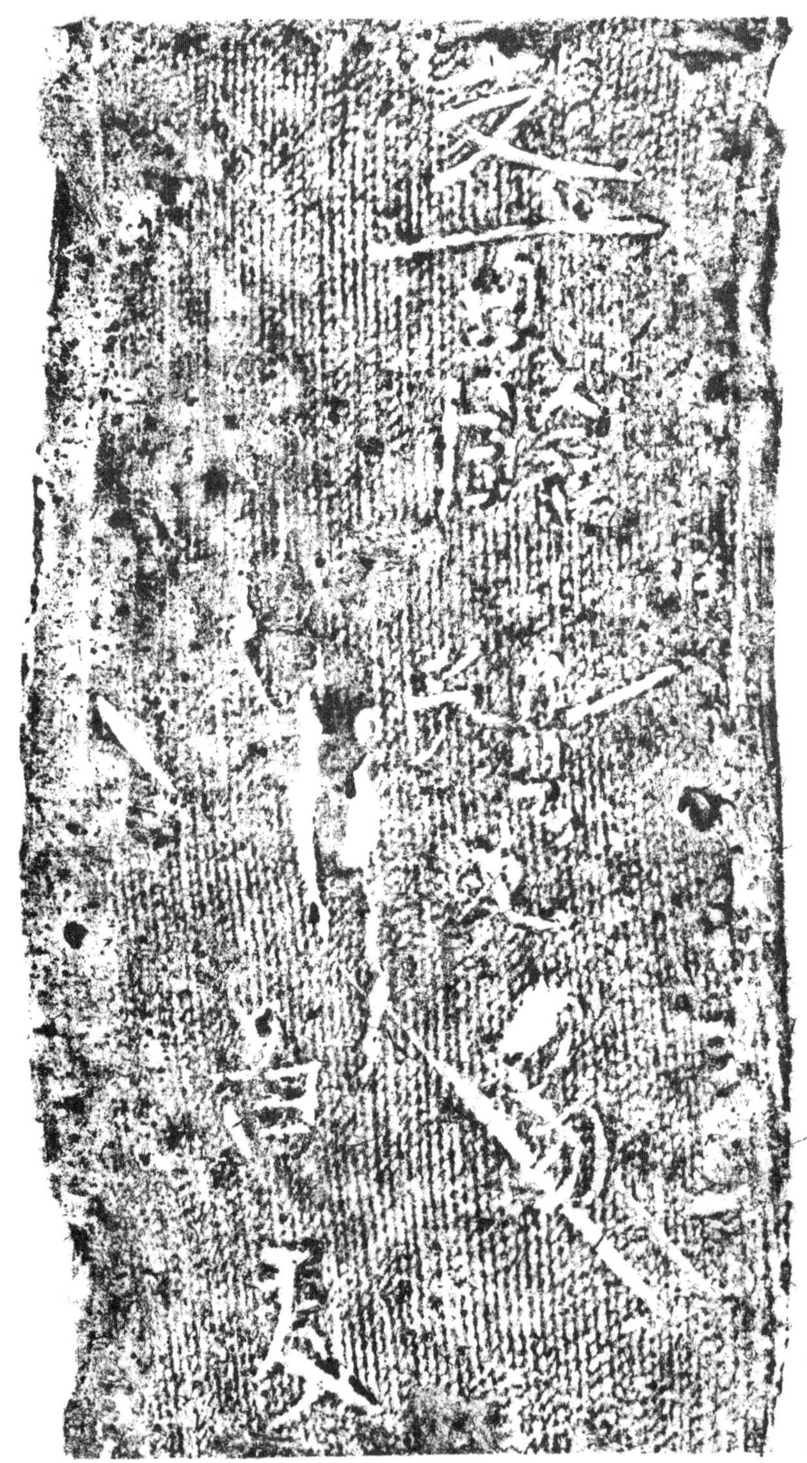

010號　文百磚

小長條磚，字在繩紋面，竪寫2行，8字。

文百餘勉勉易白反

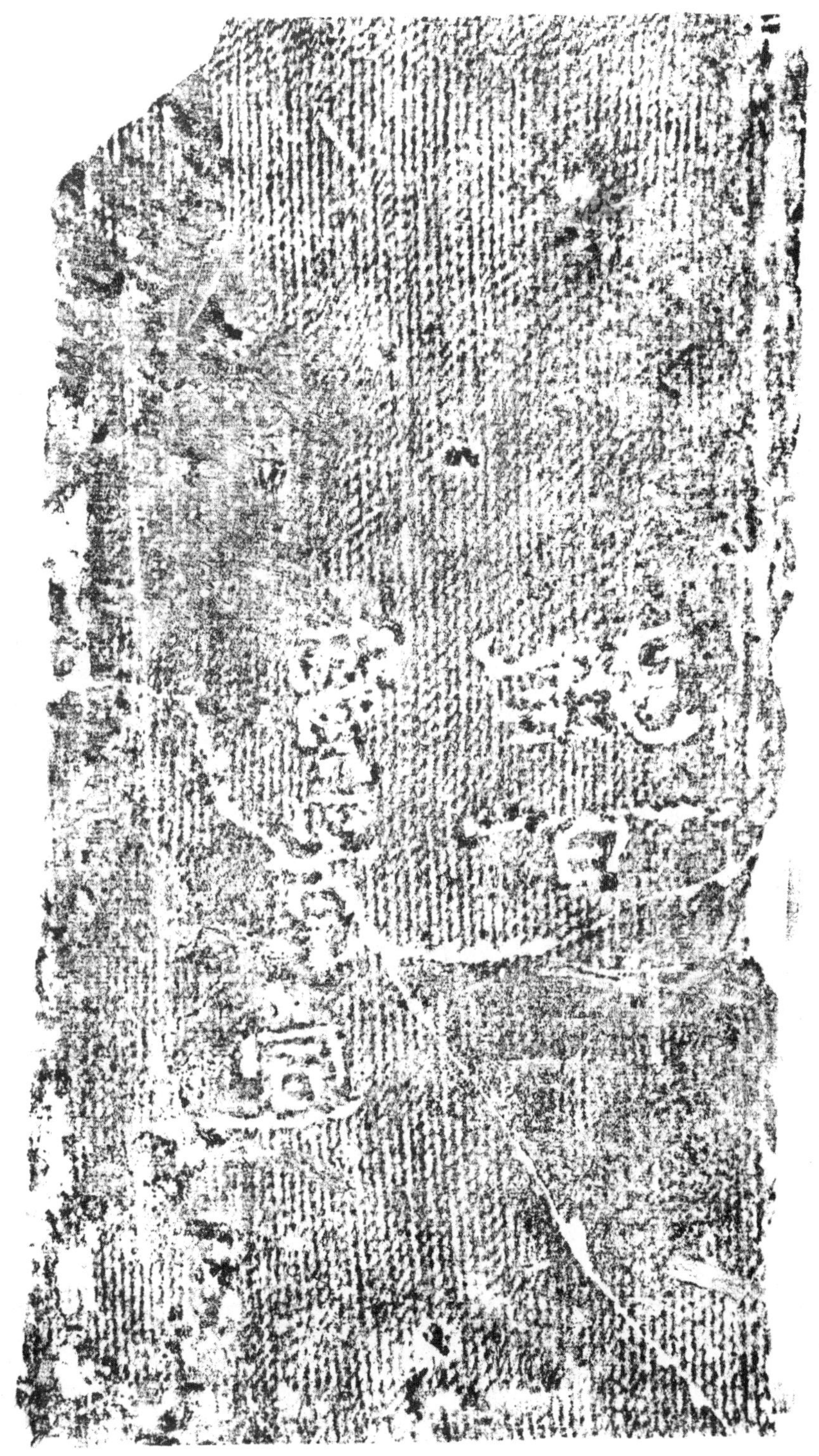

011號　**錢百磚**

中長條磚，字在繩紋面，竪寫2行，5字。

錢百費景萱

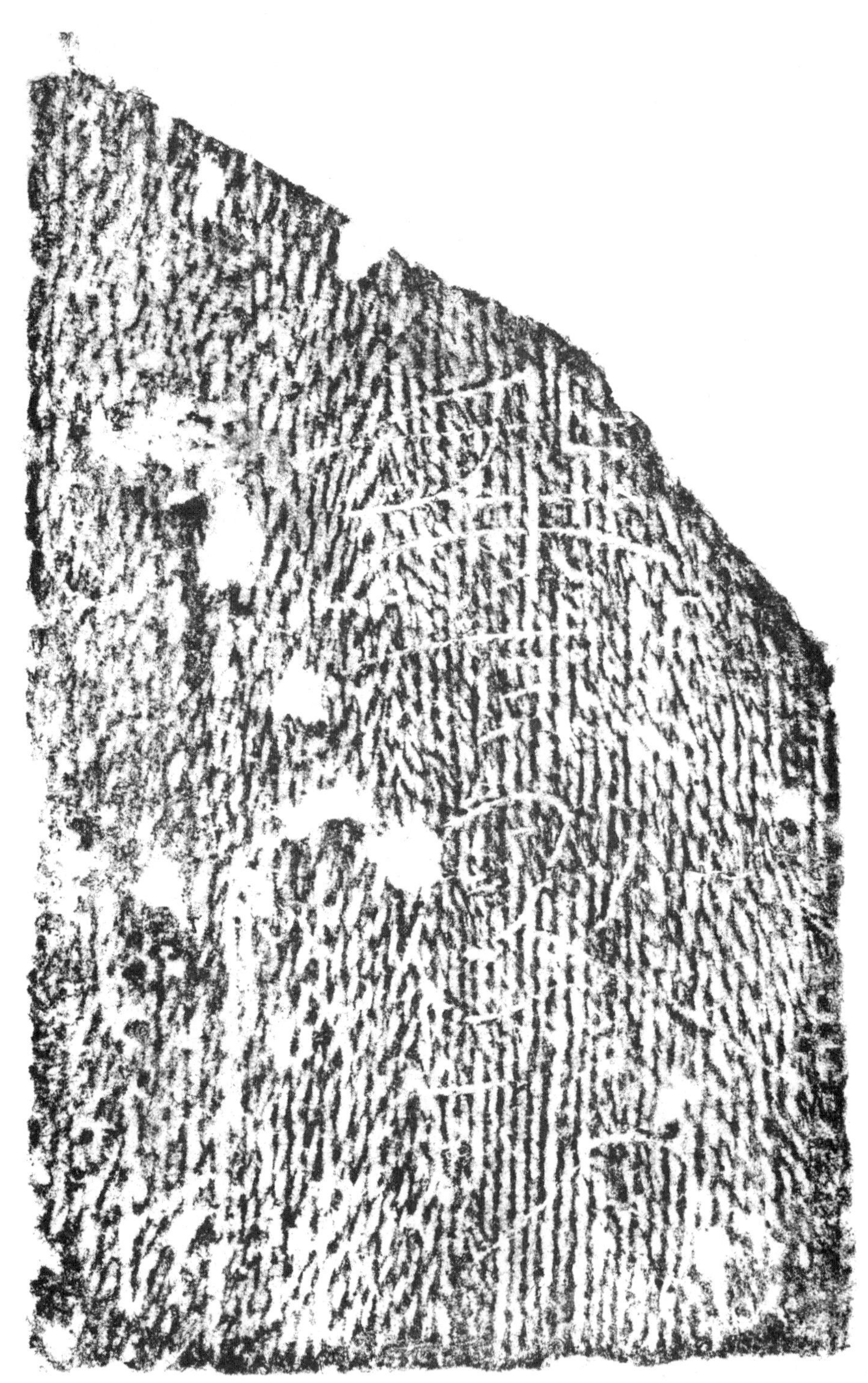

012號　九千八百良磚

中長條磚，右上部殘缺，字在繩紋面，竪寫1行，6字。

九千八百良到

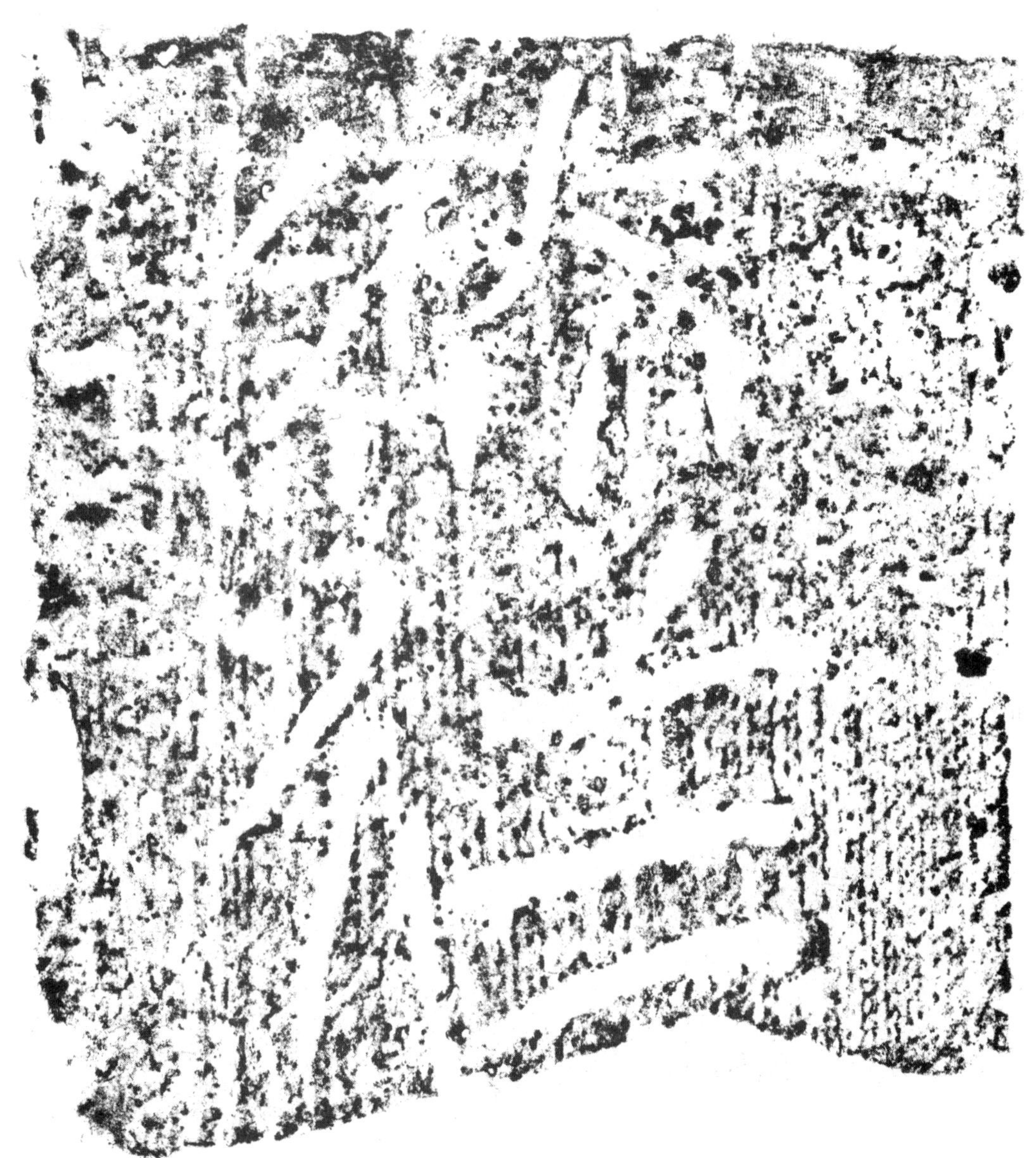

013號　然作磚

中長條磚，下半部殘缺，豎寫1行，存2字。

然作

014號　作磚

小長條磚，磚殘，字在繩紋面，竪寫1行，3字。

□□作

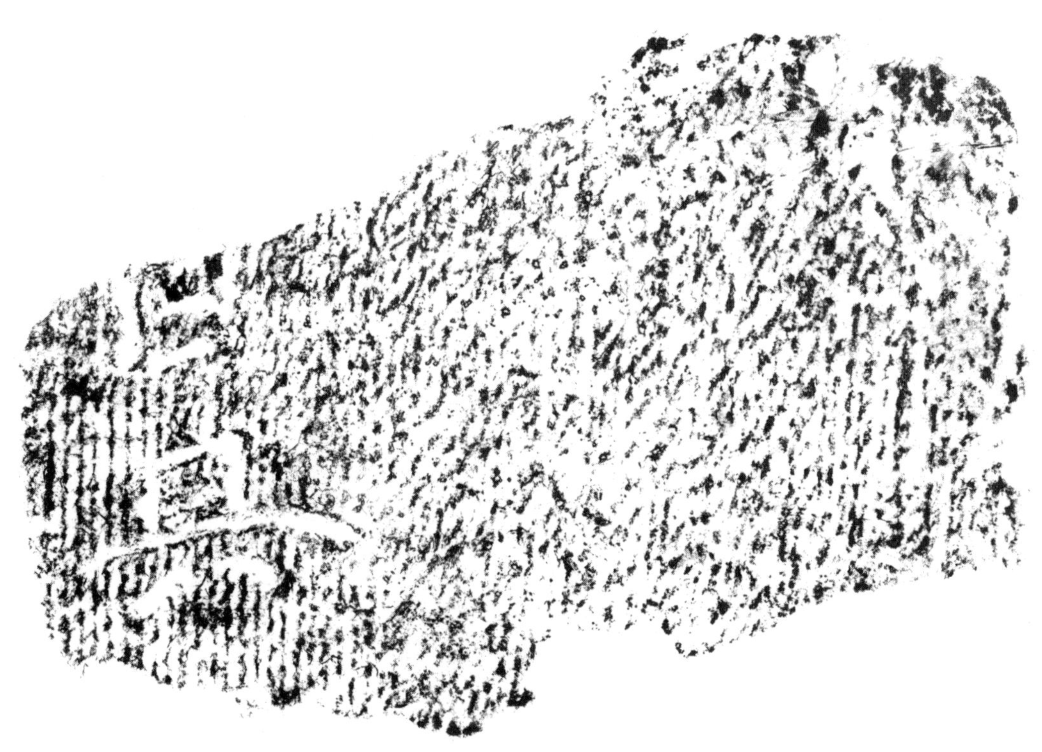

015號　具磚

中長條磚，磚殘，字在繩紋面，竪寫1行，存2字。

□具

016號　再拜磚

小長條磚，磚殘，字在繩紋面，竪寫2行，存4字。

再拜卅也

017號　史有磚

中長條磚，字在磚横頭，竪寫1行，2字。

史有

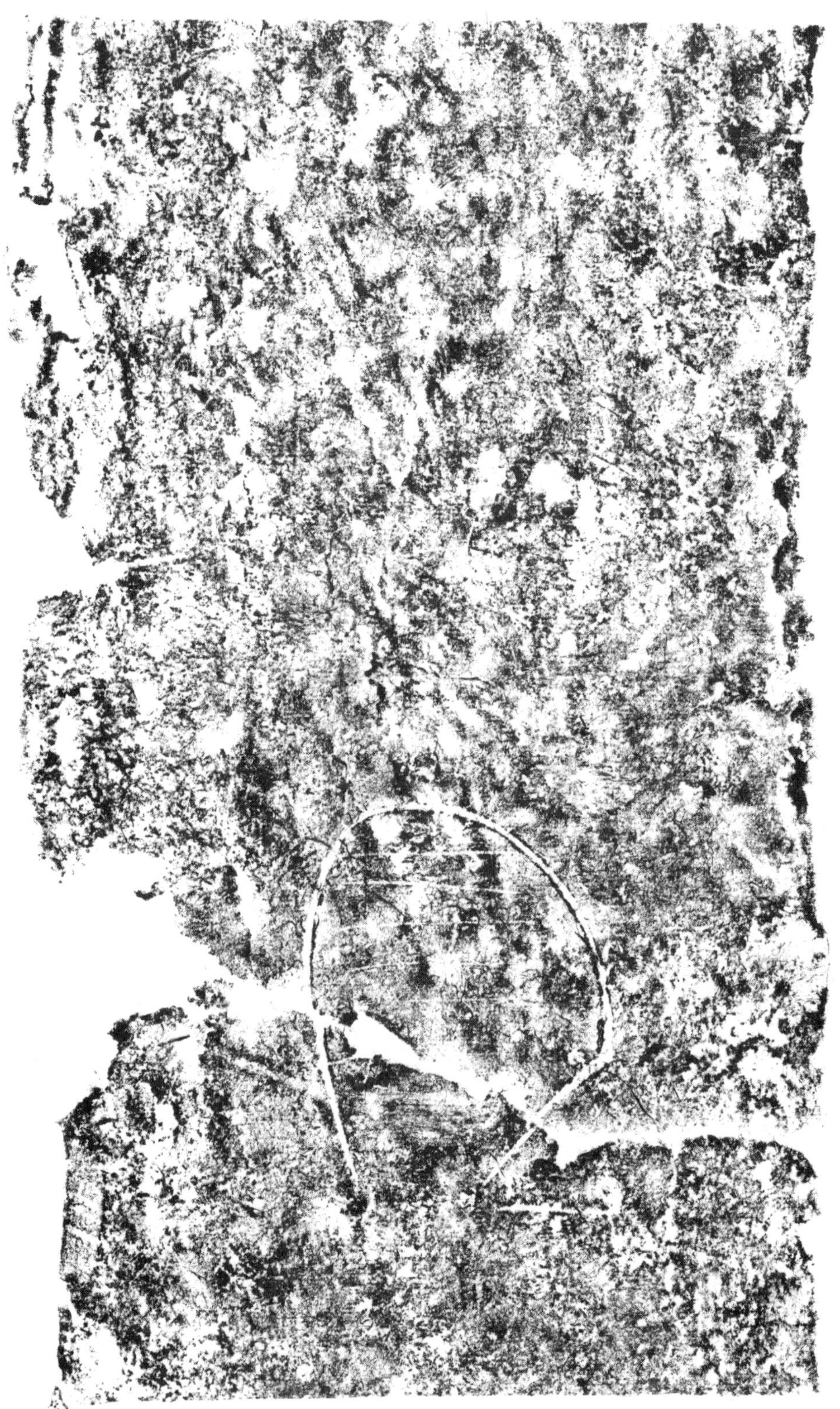

018號　畫意磚

中長條磚，畫在磚背面，圓圈開口，圈内五橫綫條。

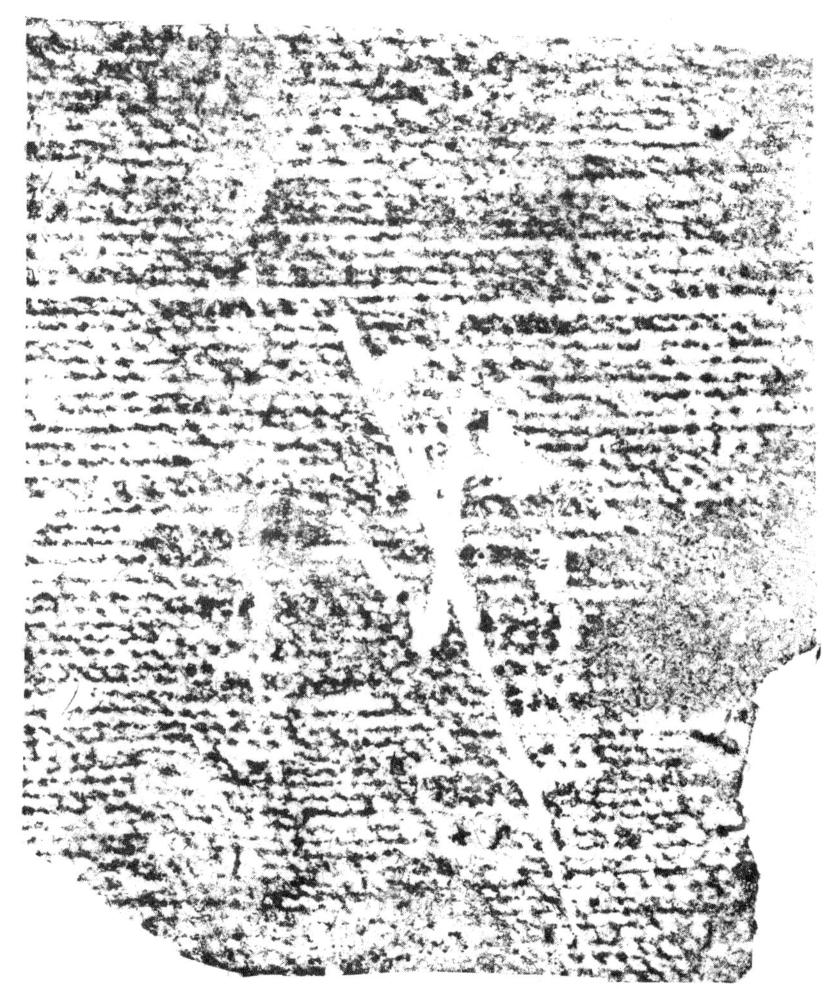

019號　十磚

小長條磚，字在繩紋面，横放斜寫1字。

十

020號　字迹磚（一）

中長條磚，磚殘，存1字。

□

021號　月磚

小長條磚，上、下殘，字在繩紋面，存1字。

月

022號　字迹磚（二）

中長條磚，磚殘，字在磚背面，模糊難辨。

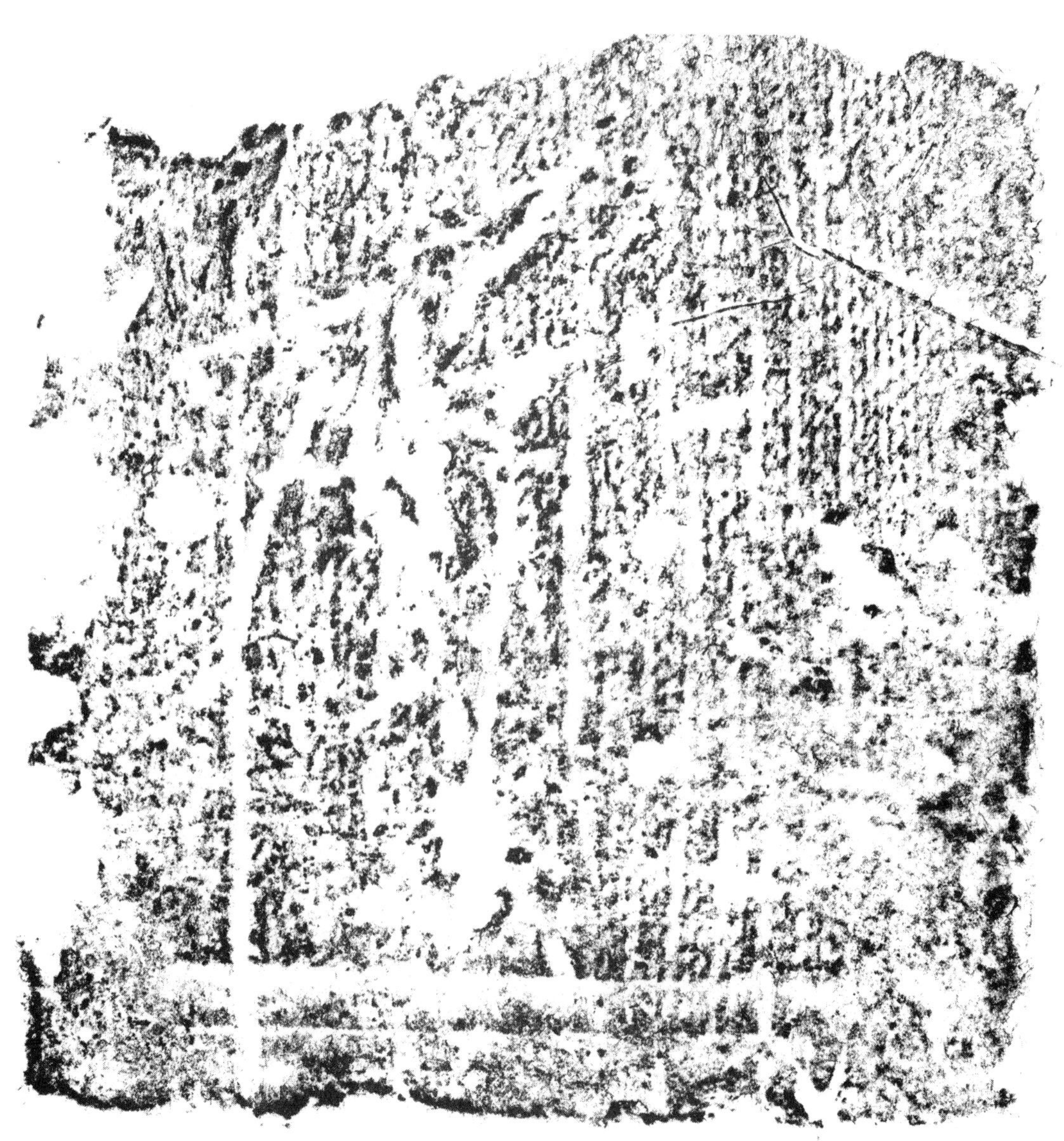

023號　字迹磚（三）

中長條磚，上部殘缺，字在繩紋面，模糊難辨。

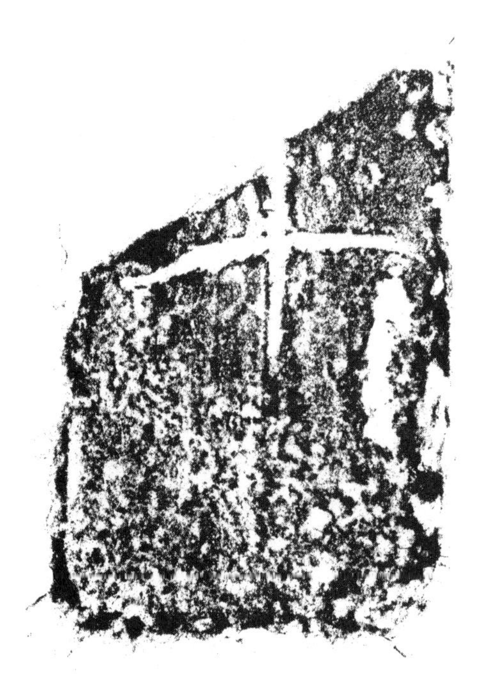

024號　十磚（一）

小長條磚，磚殘，字在磚横頭，1字。

十

025號　十磚（二）

中長條磚，字在磚橫頭，1字。

十

026號　十磚（三）

中長條磚，字在磚横頭，1字。

十

027號　十十磚

中長條磚，字在磚橫頭，竪寫1行，2字。

十十

028號　九十磚

中長條磚，字在磚橫頭，竪寫1行，2字。

九十

029號　廿磚

中長條磚，字在繩紋面，横放，1字。

廿

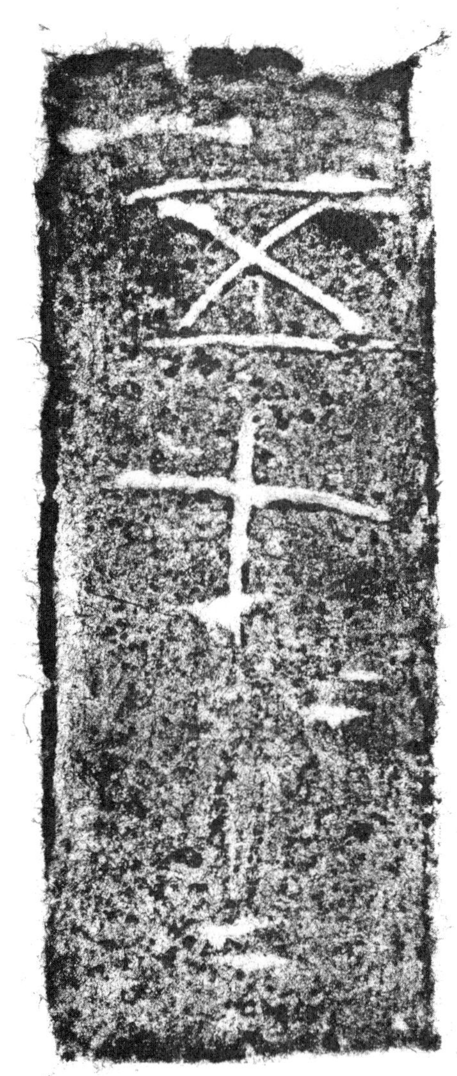

030號　五十磚

中長條磚，字在磚橫頭，竪寫1行，2字。

五十

031號　六十磚

中長條磚，字在磚横頭，竪寫1行，2字。

六十

032號　八十磚

中長條磚，字在磚横頭，竪寫1行，2字。

八十

033號　百八十磚

中長條磚，字在磚横頭，竪寫1行，3字。

百八十

三、劉花園村東漢墓

001號　十有磚

小長條磚，磚下部殘，字在繩紋面，竪寫1行，存3字。

十有七

002號　七千五百磚

中長條磚，字在繩紋面，竪寫1行，4字。

七千五百

003號　十磚

中長條磚，字在磚横頭，竪寫1字。

十

004號　八十磚

中長條磚，字在磚橫頭，豎寫2字。

八十（叠壓在一起）

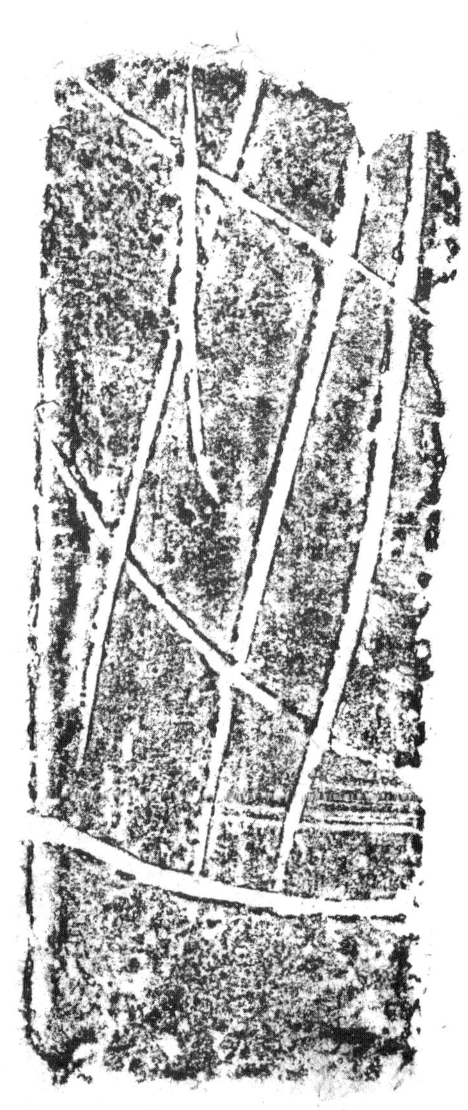

005號　卅畫磚

中長條磚，字在磚横頭，連寫2字。

卅卅

附録一

一、曹騰墓畫像石刻

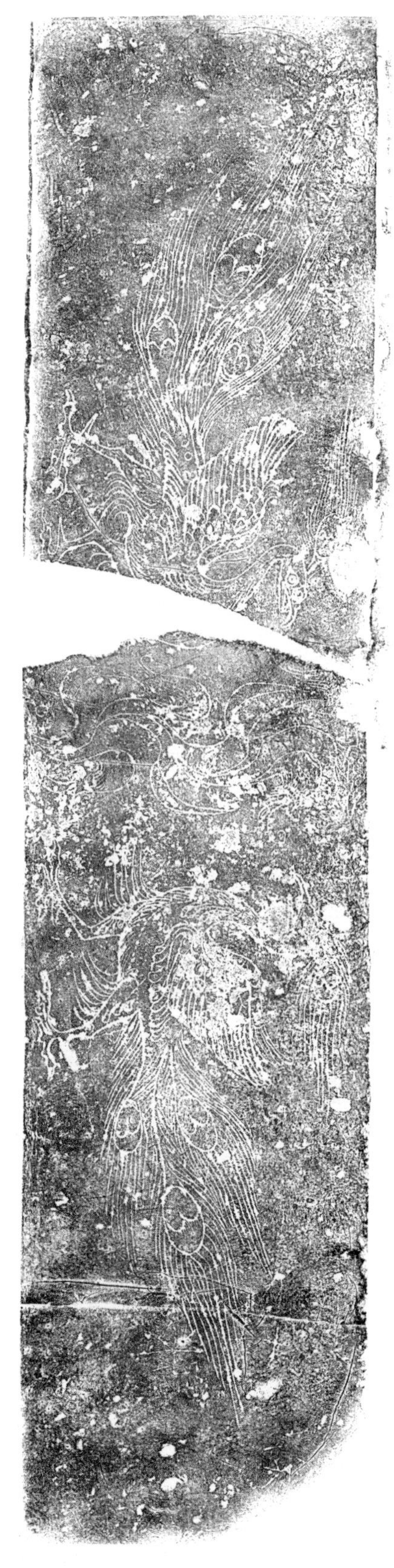

001號　石額（上）　雙鳳圖

長182釐米，寬36.5釐米。

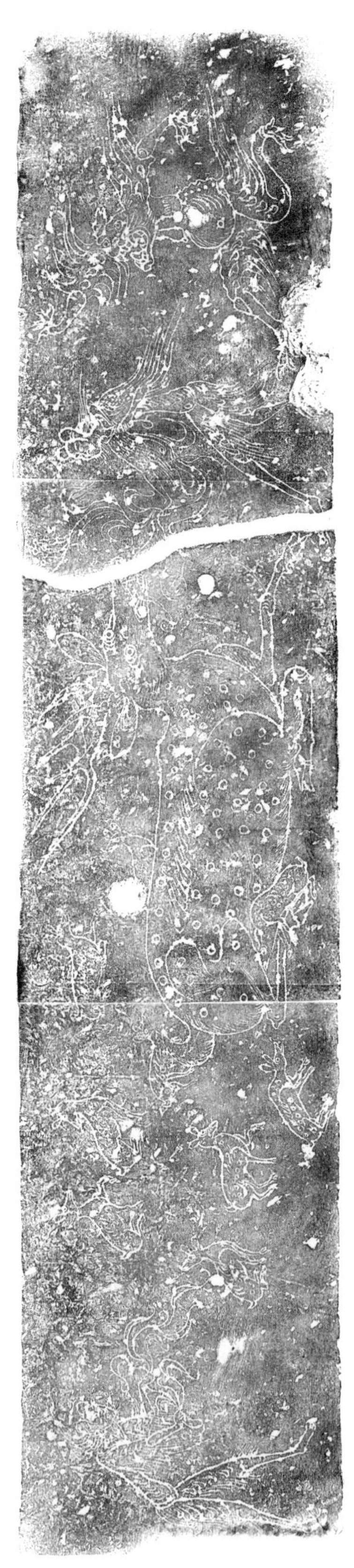

002號　石額（下）　養鹿圖

長187釐米，寬41.5釐米。

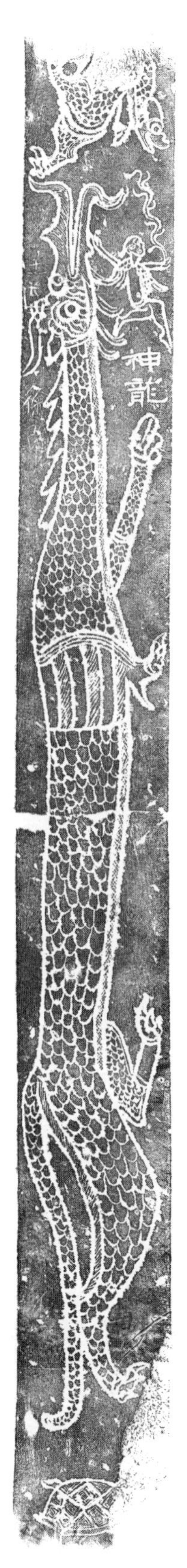

003號　右門邊　神龍

高159釐米，寬15釐米。

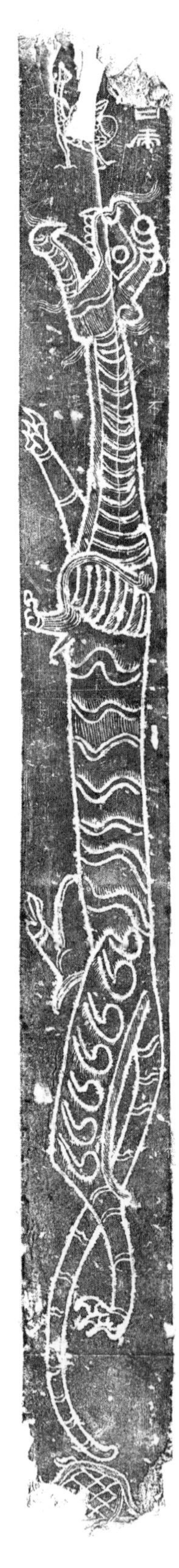

004號　左門邊　白虎

高159釐米，寬15釐米。

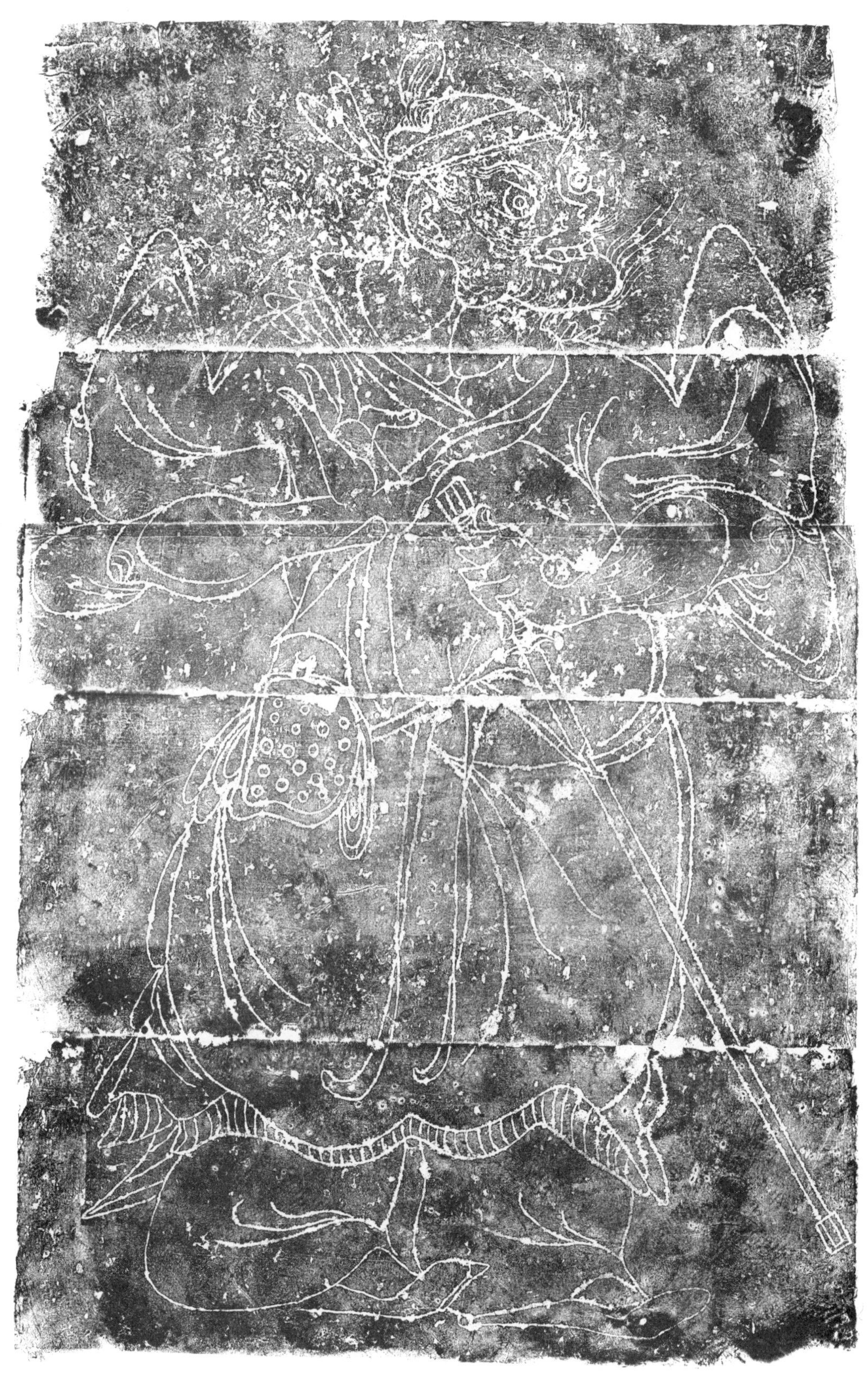

005號　甬道北壁人物（外）　神荼

高180釐米，寬117釐米，人物高165釐米。

006號　甬道北壁人物（内）　執盾守門官

高180釐米，寬116釐米，人物高165釐米。

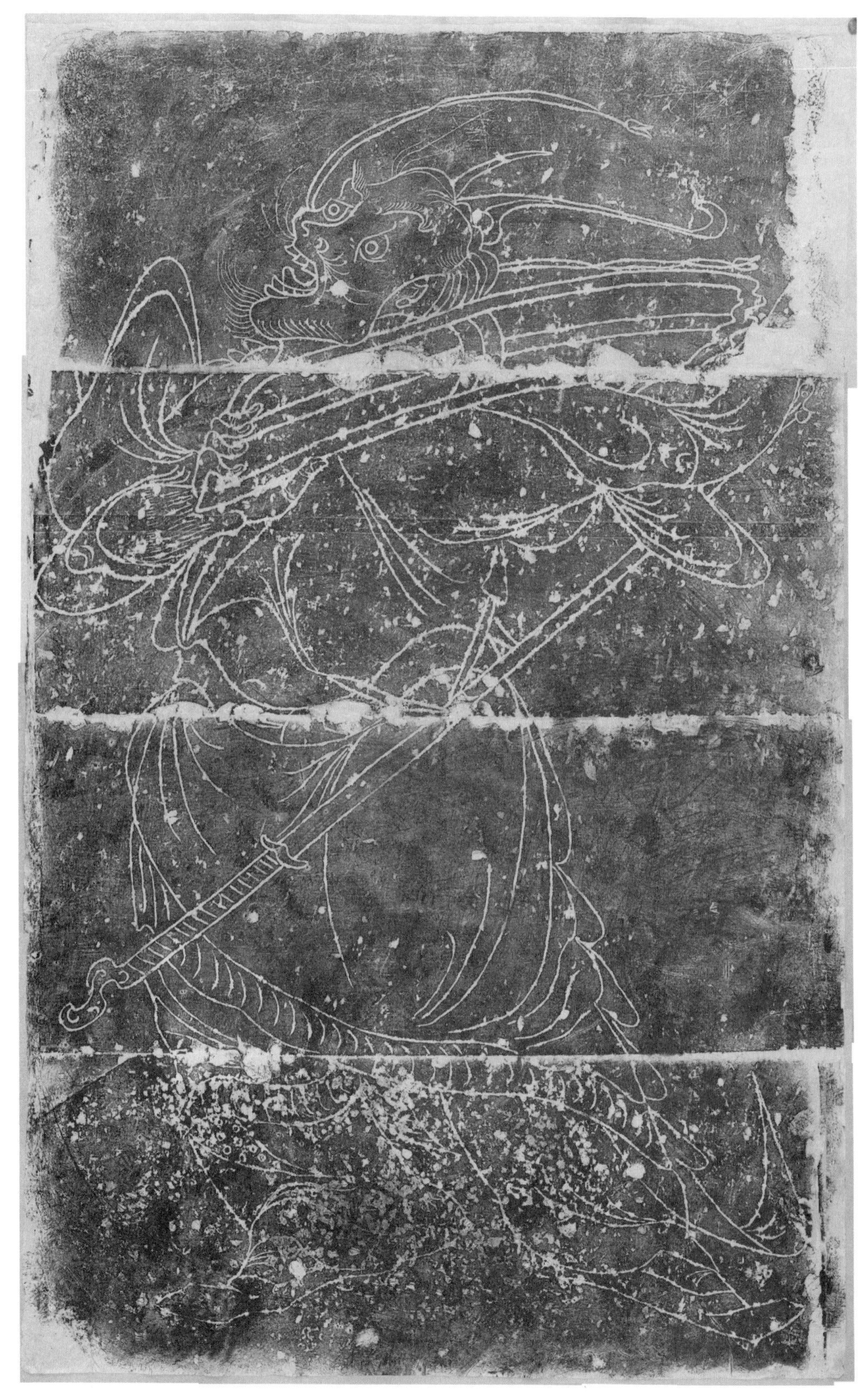

007號　甬道南壁人物（外）　鬱壘

高180釐米，寬114釐米，人物高165釐米。

008號　甬道南壁人物（內）　執盾守門官

高180釐米，寬117釐米，人物高165釐米。

二、曹憲印信

附録二

一、論中國書體的演變

（一）略談中國文字書體

書體是文字書寫時所表現出的一種形體，也是文字表現的唯一形式，因此文字與書體是無法分割的一個整體。自文字問世開始，書體形式也就隨之誕生了。研究書體的演變，實際上相當於研究漢文字的發展史。它應是中國文字學重要的組成部分。然而古今不少文字學家，總忽略書體與文字的關係，而單純地研究文字的發生、結構、變化、統一等，這是很不全面的。近代有人一提到書體，總喜歡把它歸納到書法藝術的範疇裏面去。誠然，書法藝術要通過書體文字表現出來，但不同的是，書法藝術是要人欣賞的，而不是代表傳達語言或情感的文字。但無論哪種形式，文字學都應該將文字發展史與文字書體統一起來。雖然書法藝術是一種文字美學，但在文字學研究上不允許忽略，因爲文字從一開始産生時就把美學包涵在裏面了，就是在文字没有正式形成之前最原始的圖畫字、族徽（圖騰）、八卦等，都和美術結合在一起了。書體不僅表現文字的形式，也表現了文字的美。

中國文字是經過了一個曲折複雜的歷程的，也就是由一個單體或兩個單體構成了文字之後，再經過較長時間的實踐過程，然後纔能得到社會的認可，成爲“約定俗成”的文字。書體與文字一樣，也有一個“約定俗成”的過程。從文字發展史的角度來説，它並不是這麼簡單，往往一些變形的字、奇異的字根據事物發展需要仍不斷地出現，還要經過反復實踐、統一，纔逐漸形成我們今天所使用的文字和文字書體。

我們從古文説起。所謂古文，就是指殷之甲骨文、殷周青銅器上之金文。此外，《説文》又把篆列爲古文。這三種文字的變化都包涵着文字書體的變化，也就是演變，也就是它們在文字書體形式上表現的不同。今人有寫甲骨文的，稱爲甲骨文書體；有摹毛公鼎書法的，稱爲金文書體；有寫篆文的，稱爲篆體。自然，春秋戰國時的一些大大小小的國家都有自己的文字，經過了秦小篆的統一，到了漢代又出現了隸書。從甲骨文到金文，由金文到篆體，再由篆體到隸書，文字的變化、文字書體的演變，在歷史上都已爲成説了。順便説一下，這裏説的漢隸，是指東漢隸書。西漢文字除了出土文物上的銅器銘文、瓦當字、竹書之外，幾乎没有見過西漢碑帖，是甚麽原因，尚不知曉。據説王莽篡位後，曾下令毁碑，是否如此，尚難知道。話還要説回來，古文形成的書體成説，即説它是由文字單綫演變而形成的，這是没有争議的。然而自東漢以來，隸書又向前演變發展了，有所謂八分（或者説六分）、章草、楷書、行書、草書等。文字表現的形式增多了，文字書體演變發展到一個斑斕繽紛的時代。當然它是隨着社會生産的進步發展、文字的普及使用而産生的。遺憾的是，這些重要的文字書體是怎樣形成的，甚麽時代形成的，它們演變的關係如何，都未能納入文字學史的範疇，更没能載入正史史料中去。所以它在古文獻中幾乎是空白。因此，近代學者由於受古文字書體發展演變“約定俗成”的影響，把文字發展演變的規律視爲“單綫遺傳”，規律就是由甲骨文至金文，由金文到篆體，再由篆體演爲隸書。那麽按照這一成説規律，楷書應由隸書演變而來，然後再演變爲行書、草書。按照這樣的規律發展，最快也得到隋唐時期纔能完成演變的這一歷史使命。一兩千年來，官方對公用文字的規定，以及對文字變化書法上的守舊觀點，使得即使文字體形有了很明顯的變化，也仍然把它稱爲舊體。因此，隋唐之前出現了其他字形書體，就認爲不可能或無法理解。這就是後人對東晋“書聖”王羲之《蘭亭序》産生懷疑的主要原因。

儘管古文字學、古文獻對中國文字書體演變的記述幾爲空白，但在後來學者的論述中多少還是能尋找到一些綫索。東漢起碼有三位有名的書法家，其中兩位是寫行、草的。一是蔡邕，是寫“變體”隸書的。所謂“變體”，就是已經不是隸書的正宗了。此人博學，善辭章，天文、數學、音律無所不通，寫過不少碑刻，歐陽修曾懷疑《老子銘碑》就是蔡邕所書。二是被稱爲“草聖”的張芝，因後文中還有關於他的記述，這裏不再多叙。三是被稱爲發明行書的劉德升。當然行書不會是由他一人創造發明的，可能因他對當時流行的行書書體進行加工整理、規範化，並善寫行書而聞名一世，所書字體妍美，風流婉約，獨步當時。

劉德升生於桓、靈年間，與曹墓字磚基本同時，又是潁川人（潁川與亳州同屬豫州）。著名的大書法家鍾繇就是他的學生，另一學生是胡昭，二人師承其法均有德升之美。張芝也好，劉德升也好，都很難見到他們的墨迹了。後人對王羲之的墨迹就有懷疑，那麽對張芝、劉德升就更不用説了。

原亳縣博物館於1977年秋冬時候，在發掘元寶坑1號東漢墓的過程中，發現了一批銘文字磚，隨後在董園村1號墓也清理出一批銘文字磚，從字磚上意外地發現了一些大草、行書、楷書等書體文字。1978年上半年，筆者約費了半年多時間將這兩批字磚作了系統的整理，並帶着有關行、草等字磚拓片，去北京準備請教郭沫若先生。遺憾的是，郭老抱病未能會晤。我認爲這是郭老最希望看到的東西，可惜未能見到，如果郭老見到了一定會視如珍寶而大書特書的。我又拜訪了唐蘭先生。唐先生認爲這些字磚太珍貴了，應趕快公之於世。回來後我就寫了《曹操宗族墓字磚與中國書體的演變》的短文，連同拓片寄給了北京《光明日報》社理論部的劉漢屏先生。我很快便得到劉先生同意發表的答復，於是文章就發表在1979年2月7日的《光明日報》上。文章發表後，國内學術界震動很大，僅2月份就收到了來自全國各地學者、書法家信函一百多封。後來中山大學老教授、著名學者商承祚先生還寄來了他特意爲我書寫的書法《石灰吟》。1979年3月5日，安徽省考古學會成立，我又重新整理了這篇文章，題爲《曹操宗族墓磚字書體考》，在成立大會上發表。這篇論文很快被當時安徽省委的幾位書記看到了，他們打電話給省委宣傳部副部長兼安徽省文物局局長洪沛同志，表揚了這篇文章，説文章寫得很好，可以在剛剛復刊的安徽理論刊物《江淮論壇》上發表，要洪部長徵求作者的意見。所以拙文很快又於1979年第1期的《江淮論壇》上發表了。由於文章有理有據，影響深遠，1983年又應《中原文物》（原《文物資料叢刊》）編輯部周到同志特約，經過再次修改、補充，題爲《曹操宗族墓字磚書體考》，刊於1984年第1期《中原文物》上面。90年代初，北京榮寶齋要集中國古今書法之大成，編印出版百卷本《中國書法全集》。這時，中國文物出版社編輯部和中國社科院考古研究所李淼等同志來約，要我爲《中國書法全集》第九卷《秦漢金文陶文》寫篇短文，作爲卷首論文。我遂以《曹操宗族墓磚文書體考略》爲題，聊以塞責了，同時，篩選了15塊字磚銘文並加注釋刊入了該卷。

此時，《蘭亭序》真僞的論辯早已匿聲隱迹了，但論辯改變了“約定俗成”的成説，確定了中國文字楷、草、行書體形成的年代，彌補了中國文字學史和書法藝術史上的一項空白，也算完成了作爲現代人的一項任務。

以上四篇文章，是我從1979年至1992年應報、刊、書的編輯要求而寫的，各篇中的出土文字磚數目與所言各種書體字磚的情況都有所不同。在計劃出版本書時，筆者曾考慮對這幾篇文章中不同的描述作統一修正，但最後還是決定按當時的原稿發表。在這裏説明幾個問題。一是關於各墓字磚數目，各篇文章所記都有所不同。這是因爲諸墓除文字磚外，還有一部分畫意磚，没有文字，全是圖畫。這些文字磚筆者認爲應出自造磚工人中的文盲之手，他們不會用文字表達個人意見，所以用畫來表達個人思想情感，有象意或象聲作用。在整編此書時，這些畫意磚確有一些是亂畫亂塗的，所以未予全部收録。這些畫意磚的象形象聲之意，有待將來科學發達後再去研究。二是各篇内容不免有重複或雷同的地方，這是由於每篇都有它特定的寫作環境和任務，總的説是由淺入深，由簡入繁，臻致成熟，各有獨到之處。四篇文章集聚在一起，把中國文字的演變，真楷、行書、章草、大草（狂草）的形成和發展關係都作了一個詳細的交代。所以一併收入，以供參研，敬請讀者諒解。

（二）曹操宗族墓字磚與中國書體的演變①

1977年在安徽省亳縣城南郊發掘的曹操宗族墓葬，是曹操的祖父和伯叔輩的墓。從這些墓葬中，發現帶字磚374塊。這批字磚的時代較早，數量較多，是考古工作上前所未有的。

出土字磚的墓葬有兩處，一是元寶坑村1號漢墓（編號“元”），位於城南護城河外，字磚年代爲東漢靈帝建寧三年（見元9號磚），即公元170年。一是董園村1號漢墓（編號“董”），位於元寶坑村東約一華里，字磚年代爲東漢桓帝延熹七年（見董67號磚），即公元164年。此外，還發現繪畫磚等25塊。兩處墓字磚年代相距六年，是同一時期的。

這些字磚上刻劃着悲憤的詞句，如“當奈何”（元34號磚）、“成辟（壁）但冤余”（董66號磚）、“倉（蒼）天乃死”（元32號磚）等。從這些詞句考察，刻字的人除了少數可能是辦理建墓事宜的下屬官吏外，多數是窮苦的農民或

① 原載《光明日報》1979年2月7日第2版。

賣身的奴隸。這些受苦人，有冤無處伸，憤怒地咒詛“倉（蒼）天乃死”，用語竟然和十幾年後黄巾起義的口號“蒼天已死”相同，反映了當時階級鬥争的特點，説明當時社會已經在孕育着大規模的農民起義了，因而在史料上有其重要的價值。

這批字磚以陰刻文字居多，合計291塊，1193字。字體大致分爲以下五種：篆書3塊，章草14塊，今草6塊，隸書56塊，真書、行書212塊。其中，3塊篆書字磚僅有6字，説明在當時的勞動人民中這種字體已不流行，衹是某些書法家和文人專用的書體了。章草是隸的速寫，一説是奏章用的字體。如元2號磚上的“[illegible]”（會）、“[illegible]”（曹）、“[illegible]”（君）等字，筆畫簡化得驚人。字磚中的真行書佔總字數的72%强，這是一個重要的發現。其特點是筆畫隨便自然，横筆短直，有的字形瘦長，寫起來比隸方便多了。今草筆法的精練、字體的新穎，也是很值得注意的，如元39號磚“爲將奈何吾真愁懷”。

關於我國書體的演變，過去學界一直有不同的看法。有的同志認爲真行書在三國和西晋時已接近形成；有的同志則認爲真行書要晚到齊梁之間，甚至更晚到隋唐時纔形成。堅持後一種意見的同志認爲，東晋時期王羲之的字體衹能是帶有隸筆的、像《爨寶子碑》那樣的字體，不用説，那種已經是真行書體的《蘭亭序》就是後人僞造的了。曹氏墓磚的發現，説明東漢末年真行書已在勞動人民中廣泛流行。同時期的熹平元年（公元172年）朱書解殃瓶也是真行書體，可爲旁證。稍後三國時的大書法家鍾繇，不但在碑上書寫隸書（如《上尊號碑》），而且他的書劄如《宣示表》《戎路表》等已經楷化了。但有的同志却認爲，東晋時的王羲之都不可能寫《蘭亭序》那樣的真行書體，三國時的鍾繇就更不可能寫出真行書體了。事實正相反，曹氏墓字磚的發現，説明東漢末年真行書體已經大量出現了。勞動人民創造了歷史，也創造了文字，書體的演變總是由勞動人民在書寫的實踐中逐步改革過來的。一些士大夫階層的書法家寫字時也不能不受當時新生書體的影響，他們的書法藝術也不能不從群衆中吸取營養。這種源和流的關係，是任何人都不能違背的。

（三）曹操宗族墓群字磚考[①]

在亳縣城南郊東漢時期曹操宗族墓群的部分考古發掘中，發現了一批帶文字的磚。這些墓是屬於曹操伯叔輩的。出土的字磚共有274塊，上面有文字1423個。這批字磚不僅年代較早，文字數量也較多，爲研究中國古代漢字書體的演變，提供了新的、極爲重要的寶貴資料。

出土字磚的曹墓有兩座，一是元寶坑1號漢墓(簡稱“元”)，位於城南護城河外，墓主人是會稽郡的太守。字磚上書刻的年代是漢靈帝建寧三年(公元170年)。該墓出土陰文書刻字磚137塊，計有625個字；朱書字磚6塊，計13個字。另一座是董園村1號漢墓(簡稱“董”)，位於元墓東約一華里，墓主人稱曹侯。字磚上書刻的年代爲漢桓帝延熹七年(公元164年)。該墓出土陰文書刻字磚154塊，計有568字；陽文印字磚80塊，計240個字。兩墓還發現一些畫像磚和筆畫不清的刻磚。董墓比元墓略早六年，應是同一個時期的。

這批字磚的書刻者應是當時製磚修墓的人，有曹府派出負責營建墓室的小官吏，如元22號磚記的“譙功曹史曹湖”；有官吏犯法後貶職罰充勞役的刑徒，如元19號磚上記的“丁掾永豪”、董5號磚上記的“東部督王熾”“別駕從事王左”等；然而最大多數則是窮苦的勞動人民和賣身的奴隸，如元51號磚上記的“買女（汝）作壁（磚）可棠（嘗）”，這是買賣人身的記載。又元29號磚上記的“吾本自平原（今山東省平原縣附近）自姓爲張”、董73號磚上記的“乙吾”（今河南省寧陵縣西南），這些來自遠鄉者也很可能是雇來或買來的。值得注意的是，來幹這種沉重勞役的還有女子，如董30號磚上書刻着一位女子寫給丈夫的書信，“吾家夫忘之，今有少西大漯，自知久勿還”；董60號磚上書刻着“王左死奴復死苛”，很可能是那位刑徒王左的老婆。從大量的書刻内容看，這些修墓人的生活遭遇是十分悲慘的，因此感到做磚好似“作苦心丸”，歎息“當奈何”，哀呼“成壁但冤余”。有感於當時外戚宦官專權、政治腐敗、土地兼併、民不聊生的社會情形，他們悲憤地咒詛“倉（蒼）天乃死”。十年後黄巾軍起義的口號，此時已開始在勞苦階層中吶喊了。

① 原載《江淮論壇》1979年第1期。

以上情況充分説明絶大多數字磚上面的文字是出自勞動人民的手迹。這批難得的手迹使我們十分客觀地瞭解到東漢晚期社會流行的文字書體情况。這批字磚以291塊陰文書刻文字爲主，文字書體有篆、隸、章草、大草、真、行書，大致分爲篆書磚3塊（佔1%），隸書56塊（佔20%），章草14塊（佔5%），大草6塊（佔2%），而最多數是真行書，有212塊，約佔總數的72%。這使我們從過去對漢代書體的舊概念中大膽地突破出來，並得到新的啓發。

中國文字的統一是從秦開始的。許慎《説文解字序》載："秦始皇帝初兼天下，丞相李斯乃奏同之，罷其不與秦文合者。斯作《倉頡篇》，中車府令趙高作《爰歷篇》，太史令胡母敬作《博學篇》，皆取史籀大篆，或頗省改，所謂小篆者也。"秦統一前中國古代文字的寫法很亂，没有甚麽名稱，所謂大篆也是後人追稱的。東漢曹墓字磚中篆書極少，僅有寥寥數字，然其筆折基本變方，與隸區别不大，衹是筆畫繁多一些而已。這説明小篆筆畫圓折而繁瑣，寫起來很費勁費時，到漢代很快就被群衆淘汰了，或僅成爲某些士大夫階層的書法家作爲裝飾應酬而專用的"古體"了。取代小篆的是另一種筆畫方折而寫起來較方便的書體，這便是隸書。隸書亦始於秦。《説文解字序》説："是時秦燒滅經書，滌除舊典，大發吏卒、興役戍，官獄職務繁，初有隸書。"隸書出於隸徒之手，漢代最爲盛行，但盛行到甚麽時候、何時爲真行書所代替，這是中國書法史懸而未决的問題，歷來衆説紛紜。從這批下層小官吏、刑徒和衆多勞動人民所書真迹看，隸書在東漢已有了很大變化，一些筆畫有了明顯的减退。這是合乎事態發展情理的。隸書寫法雖比小篆進步，但是字的筆畫仍繁，同時要有規矩的方折，長長的横筆，還要有甚麽蠶頭、鳳尾、波脚，寫起來仍然費工費時。東漢官府文牘書寫儘管仍持隸風，但民間却早已開始醖釀形成一種比隸書寫起來方便得多的字體了，這就是我們後人追稱的真行書。誠然，一種書體的産生總是要有其萌芽、發展和成熟過程的。因此這個時期的真行書看起來在某些字、某些筆畫中還保留着隸書的殘痕，在字磚上還存在真書中有隸、隸書中有真的現象。是不是把這些稱作八分呢？當然也未嘗不可。不過，總體來看，這種字體没有那麽規矩了，寫得隨便自然多了，長長的横筆也縮短了，更没有了蠶頭、波脚，有些字體變得瘦長，甚至和我們今天的寫法完全一樣，説明此時真行書已基本成熟，這是毫無疑問的。當然，真行書體不會是這批做磚的人發明創造的，理應源於延熹之前，或更早一些的時候。我相信在今後的考古發掘中會發現更早時期的真行書體文字。

可以想象，真行書的出現是受廣大群衆歡迎的，因爲它比隸書寫起來方便，又省時省勁，是符合群衆的需要和利益的。中國文字書體的演變規律，總是由繁而簡、由難而易的。

曹墓字磚的草書有兩種，一是章草，一是大草（今草）。章草或稱草章，其名由來，一説始於漢章帝，一説爲奏章用書體。章草一詞始見於《晋書·王羲之傳》，“嘗以章草答庾亮”。這裏所指“章草”，是和草書混爲一體了，或者當時尚無草書這一名詞，故把王羲之書稱爲章草了。字磚章草已脱離隸，其中有些文字十分簡化，如元2號磚上的“会”（會）、“[illegible]”（曹君），董33號磚上的“书”（書）、“临”（臨）等字，和我們今天的簡化字基本相同，這是十分驚人的。誰能想象早在一千八百多年前中國的簡化字就已經産生，這不能不算書法史上的重大發現。特别是大草，字體簡練，結構新穎，筆法純熟，如元39號磚所書的“爲將奈何吾真愁懷”數字，實爲漢代各金、石、竹木、帛書中所未見，可稱東漢書法藝術之珍寶。通過比較曹墓字磚上的兩種草書，我發現了一個新的、有趣的問題：既然章草是由隸演變而來，那麽大草的起源在哪裏呢？清包世臣在他寫的《藝舟雙楫·論書十二絶句》中有兩句：“伯英遺篆爲狂草，長史偏從隸勢來。”伯英即張芝，東漢人，善書法，時稱“草聖”。張芝墨迹，實難見到，但從字磚看，大草其書之優美，揮筆之風流，可見東漢草書之精矣！更重要的是，上面指出伯英狂草源於篆書，故古人亦稱大草爲草篆，謂其始於戰國，看來並非無稽之談。這又使我們解放思想來破除過去書法理論中關於各種書體演變的“血緣”關係的成見。此外，復章爲草的説法也是不對的。章草與大草的關係不是“父子”關係，而是同一姓氏的兩宗。字磚又證實了這一問題。否則，爲何在同一年代的字磚上會出現兩種草體書呢？

再者，關於漢隸的下限年代和真行書的形成時間，人們還有着不同的認識和看法。有的同志認爲隸書的流行除了兩漢還包括魏晋。他們認爲這個時期不可能有真行書，當然更不用説草書和簡化字了，所以這些同志認爲真行書的形成應推遲到齊、梁，甚至要晚到隋、唐；但也有的同志認爲魏晋時期真行書已接近形成。1965年開展的《蘭亭序》真僞辯議的學術討論，主要焦點在於真行書形成的年代問題。堅持《蘭亭序》僞説的理由是東晋不會有真行書體，王右軍衹能書寫帶有隸風的、像《爨寶子碑》那樣的字體，因此他們斷定《蘭亭序》是後人僞造的，或爲唐人墨迹。十多年過去了，對這一争論未休的問題，曹墓字磚提供出了豐富的資料，作了明確的回答：早在東晋一個半多世紀之前，不僅有了發展成熟的真行書體文字，草書和簡化字也已成熟問世，東晋王羲之書寫出像《蘭亭序》那樣的字體也就無可争議了，更不足爲奇了。再如，三國時期的大書法家鍾繇在碑上書寫隸書，如《上尊號碑》，他的書劄如《宣示表》等都已楷化了。過去既認爲東晋王右軍不可能寫《蘭亭序》那樣的書體，鍾繇就更不可能寫出真行書了。曹墓字磚恰好爲真行書的形成時間提出了依據，從而解决了中國書法史上懸而未决的一個重大問題。

中國文字書體自秦統一以來，至曹墓字磚出現，中間經過不到四百年的時間，從篆到真行書、大草、簡化字的演變過程是十分快的。其中不可忽視的是，東漢時期是中國書體演變的一個十分重要的階段。在這個時期，隸書仍被上層社會，特别是官府作爲“正統”書體，但也有了改進，寫法排列整齊，近似楷書；真行書體正在興起，在民間普遍流行，書體基本成熟，並在上層有一定的影響；草書（包括章草和大草）已經成熟，除在民間流行外，一些士大夫階層也已使用，並成功地創造出了一批簡化字。因此在東漢時期的文苑裏，百花爛漫的盛景是空前的。正因爲各種書體在東漢得到醖釀成長，一個半世紀後的東晋纔有條件形成中國書法方面的高潮。在中國悠久的文學藝術史壇上，晋書方能同唐詩、宋詞、元曲一同争艷比美。

勞動人民創造了歷史，也創造了文字。文字書體的發展和演變也和其他事物一樣，是勞動人民在長期使用文字的實踐鬥争中來完成的。歷史上各個朝代的士大夫階層的書法家都不能不受當時新生事物的影響，他們所需要的正是吸取民間的文化藝術創造作爲營養，加以融化來充實和豐富自己。隸書初出於隸徒，被視爲“俗體”，而漢代却奉爲正體。魏晋文人自然必不可少地要把民間流行的書體加以吸收融化，創造出個人的風格。這就是歷史發展的規律，也是流和源的關係，任何人想改變它都是不可能的。

（四）曹操宗族墓磚字書體考[①]

文字不僅用於記事，也是一項書法藝術。文字書體的進步對文化的發展起

① 原載《中原文物》1984年第1期。

着非常重要的作用。中國文字大約起源於六千多年前。隨着歷史的發展，文字的寫法不斷地發生變化，形成許多種書體，如商代有甲骨文，周代有金文、古籀、大篆，秦有小篆，漢有隸書，以及後來的真、行、草書等。隸前文字諸體争論不大，而真、行、草的形成年代，則衆説紛紜，成爲學術界長期争論不休的問題。由於我國考古工作的進展，出土文物愈來愈多，有關文字方面的資料也有了更多的發現。近幾年來，我們在清理幾座曹操宗族墓葬時發現了一批十分珍貴的文字磚，真像是集中國古代文字書體之大成。這一重要發現，成爲研究我國文字發展史的重要實物資料，爲解决上述懸題找到了依據。

曹操宗族墓出土字磚共有274塊，上面有文字1423個。這批字磚年代較早，文字數量多。出土字磚的曹墓有兩座，一是元寶坑村1號漢墓（簡稱“元”），位於安徽亳縣城南郊護城河外，墓主人是會稽郡曹太守，字磚上刻書的時間爲東漢靈帝建寧三年四月（公元170年）。字磚有陰文刻137塊，計625個字；朱書字磚6塊，計13個字。另一座是董園村1號漢墓（簡稱“董”），位於元墓東約半公里處，墓主人曹侯，字磚上刻書的時間爲東漢桓帝延熹七年（公元164年）。字磚有陰文刻154塊，計有568個字；陽文印字磚80塊，計240個字。此外，兩墓還發現一些畫像石和筆畫不清的刻磚。董墓比元墓僅早六年，應是同一個時期的。（詳細請參閲1978年第8期《文物》的《亳縣曹操宗族墓葬》一文和1978年《文物資料叢刊》第二輯的《亳縣發現一批東漢字磚與畫像石》一文）

在這批字磚中，最重要的是291塊陰文刻書磚。所謂刻書，就是用一種近似髮簪之類的細棒器物作筆，在磚上面刻寫文字，使文字均凹於磚面。文字書刻的位置，有的在磚正面，有的在磚反面，也有在側面、横頭上的。每塊字磚上面刻書的文字數目不等，最少的一個字，最多的達三十多個字。這些刻字筆鋒清晰，猶如用毛筆揮寫於紙帛之上，因此有很高的書法藝術價值。字磚的刻書者都是當時參加製磚修墓的人，大致分爲三種人：第一種是勞動工匠和失去人身自由的奴隸，這些人佔多數。如元51號字磚上刻書“買女（汝）作壁（磚）可棠（嘗）”，十分清楚地説明有些人是買來的，專爲做磚的；元29號字磚上刻書“吾本自平原（今山東省平原縣附近）自姓爲張”；董73號字磚上刻“乙吾”二字，乙吾是地方，在今河南省寧陵縣西南。這些遠鄉人不是被招雇就是賣身。更值得一説的是，在幹這些沉重勞役的群衆中還有一些女性，如董30號字磚上刻寫一位女人給丈夫的家書，“吾家夫忘之，今有少西大漯，自知久勿還”；董60號字磚上一位女人刻書的是“王左死奴復死苛”，這個女人很可能是刑徒王左的妻子，是跟她丈夫一同來充勞役的。第二種人是一些曾做過官、後因犯了法而被貶罰充勞役的刑徒，如元19號字磚上刻書“丁掾永豪”、董5號字磚上刻書“東部督王熾”“別駕從事王左”等。第三種人則是曹府派來監督建墓室的小官吏，如元22號字磚上刻書着一位地方小官吏“譙功曹史曹湖”。以上這些人有不同的遭遇和思想感情，這些情感衹有藉造磚之機發泄於磚上了。因此字磚刻書的内容十分豐富，有對曹家表示贊美的，有記人名、地名、時間的，有記數、記事、作詩的等，但大量的内容都是表達内心悲憤的，如“作苦心丸”，歎息“當奈何”，哀呼“成壁但冤余”。有感於當時外戚宦官争權、政治腐敗、土地兼併、民不聊生的黑暗社會以及摇摇欲墜的東漢王朝，他們咒詛“倉（蒼）天乃死”。這一十年後黄巾軍起義的口號，早已在廣大勞苦階層中開始吶喊了。在刻書的每個字的筆畫之間，這種悲憤的感情也都充分地流露了出來，使這批磚字顯得具有很强的感染力。

這291塊陰文刻書的書體，以真書和行書爲主，約佔總數的一半以上，隸書次之，其次爲章草、今草，篆書衹有幾個字，另外還有一些簡化字。古代的文字寫法有正體與俗體之别。統治階層所用書體規範嚴格，美其名曰“正體”；相反則把民間流行最廣泛的文字書體貶爲“俗字”。從曹墓字磚看，這些文字雖出自上述三種人之手，理應有正體和俗體之别，奇怪的是在這一千多個字中，並不曾發現正體與俗體有甚麽懸殊差别。這一情况使我們對東漢社會總的書法趨勢有了清楚的認識。

中國文字的統一是從秦開始的。許慎《説文解字序》説：“秦始皇初兼天下，丞相李斯乃奏同之，罷其不與秦文合者。斯作《倉頡篇》，中車府令趙高作《爰歷篇》，太史令胡母敬作《博學篇》，皆取史籀大篆，或頗省改，所謂小篆者也。”中國古代的文字在秦以前是很亂的，也没有甚麽具體名稱。所謂史籀，據載是周宣王時太史籀所作的一種字體，或謂大篆。曹墓字磚中的篆書，僅可説近似於篆書體，真正的篆書是没有的。元18號字磚上的“曹”（曹）字、元28號字磚上的“夏”（夏）字，繁雜似篆，觀其筆畫已由小篆的圓折轉爲方折了，衹是其形仍是繁筆而已。這個時候，小篆的减省與變形，説明這一書體由於它的繁瑣已受到了群衆的自然淘汰，僅成爲某些士大夫階層的書法家們作爲裝飾、應酬或作爲書法藝術而保留下的“古體”了。取代小篆的是一種筆畫方折的字體，它便是隸書。隸書盛行於西漢，但何時衰退、何時爲真書所代替，這一中國文字研究上長期懸而未決的問題，就是這篇文章所要重點解決的。

曹墓字磚上面的隸書，僅有幾個字較爲典型，大部分的體形都發生了很大變化。首先從隸的扁體變成長體，筆畫由緊湊變爲散疏，如元5號磚所書“念會稽府君棄離帷屋”。這種變化使我國的書法在演變上又跨進了一步。因爲隸書儘管比小篆先進，但畢竟它的筆畫仍很繁瑣，例如字形要扁、轉折要方、橫筆要長，再加甚麽蠶頭、波脚、鳳尾，寫起來够麻煩了。兩漢時我國的文學已有了很大發展，文字相應地也要隨之發展，隸書在這種形勢下顯然越來越不適應了。誠然，東漢官府所用文牘、石刻仍在堅持隸書，但在民間，一種新的書體已經醖釀形成了，這就是我們後來所追認的真書，如元29字磚所書“吾本自平原自姓爲張”；還有由真書的速寫演變而來的另一種行書，如元34號字磚所書“當奈何”。這種真行書，字體瘦長，行筆自然。但是，一種新書體的産生，不可能是突變的，必然要經過一個萌芽、發展、成熟的過程。我們從一部分真書中還可以清楚地找到它母體的痕迹。所以在某塊字磚的某個字上，偶而還會發現似隸的長筆畫，甚至還存在着隸形中有真、真形中有隸的混亂體。曹墓字磚有真行書，也有變隸爲真的過渡文字，這充分證明，曹墓字磚上成熟了的真行書體絶不是這批做磚人發明或創造出來的，理應源於延熹之前。它萌芽於甚麽時候呢？在出土的西漢和東漢早期的竹簡上會有它的蛛絲馬迹，這裏不再作交待了。真行書寫起來更爲方便，不僅符合廣大人民的要求，就連上層官吏，也是歡迎的，這從曹墓字磚上可以看出來。

關於草書，曹墓字磚上有兩種，一是章草，一是大草，也稱今草。章草一名的由來，一説始於漢章帝，一説是奏章用之書體。這兩種説法都是靠不住的。還有一種説法，即章草是隸書之速寫，故又稱爲草隸。觀章草筆法與隸頗近，故這一説法應是對的。章草一詞最初見於《晋書・王羲之傳》，“嘗以章草答庾亮”。所説章草應是指王羲之所寫的草體。王羲之寫章草應爲史書之誤，可能是由於把章草與大草混爲一談而産生的混亂現象；也可能是當時衹有章草一詞，還没有給大草追認正式名稱的原故。特別引人注意的是，簡化字出現了，如元2號字磚上的“会”（會）、“曹君”（曹君）二字，董33號字磚上的“书”（書）字、“临”（臨）字等，與我們今天所用的簡化字基本相同。曹墓字磚上面的大草是這批磚字刻書的精華。這種大草很有狂勢，字體簡練，結構新穎，揮筆瀟灑，筆法純熟，可謂達到了爐火純青的境地。如元39號磚所書“爲將奈何吾真愁懷”數字，可謂大草書之楷範，實在是漢魏各金、石、竹木、帛書中所未見過，可稱爲東漢書法藝術之珍寶。這一發現令人驚奇。此外，曹墓字磚上兩種草書同時並列，給我們提出了一個有趣的、新的探討課題，即兩種草書到底是甚麼關係。章草是隸書的速寫已無問題，那麼大草是源於何時、何種書體呢？清包世臣在他的《藝舟雙楫》中說：“校勘《晋書》，見《衛瓘傳》云，‘漢興而有草書，不知作者姓名’”，這一説法應是真實的，所指草書應爲大草。包世臣又在《藝舟雙楫·論書十二絶句》中有“伯英遺篆爲狂草”之句。伯英即酒泉張奂之子張芝，東漢人，善草書，時稱“草聖”。張芝真迹極難見到，但字磚上無名氏所作大草，觀其勢之磅礴，揮筆之風流，足見東漢時期一般草書之精矣，又何況被譽爲“草聖”的伯英先生呢！按包講張芝狂草爲遺篆，應源於篆書，故纔有人認爲大草即草篆，起源於戰國，看來並非無稽之談。早期草篆是甚麼樣子，還要待以後發現，但可以斷言大草絶不是出於章草，也不是出於行書。復章爲草的説法是不對的，草由行變的説法也是錯誤的。之所以斷定大草、章草、行書之間並不存在甚麼“父子”關係，甚至“父子孫”的關係，而應是同族而生的三姐妹，是因爲曹墓字磚的“墨迹”對此作了有力的説明。下面綜合上述情況，用示意圖表示一下各種書體相依相承的關係。

中國文字書體演變示意圖

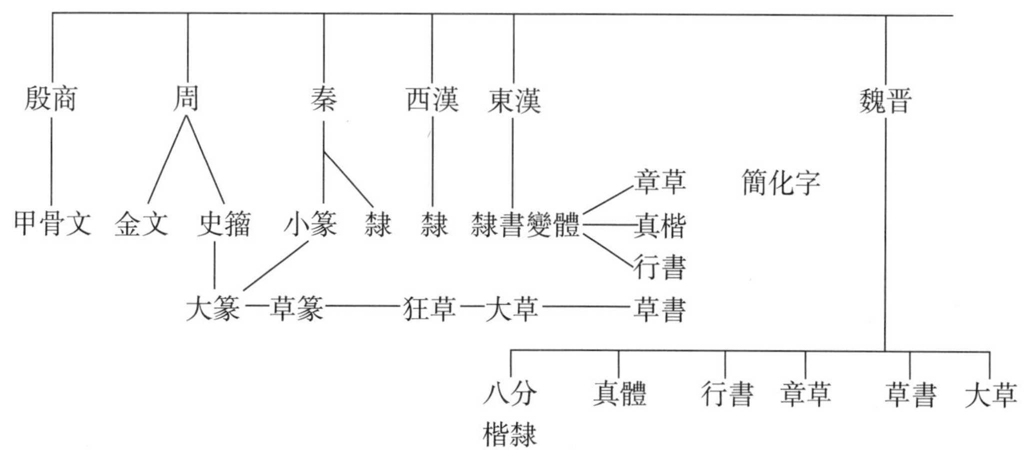

中國文字書體自秦統一至曹墓字磚刻書的出現，中間經過不到四百年的時間，文字書體從小篆經隸體到真、行書以及大草和簡化字。不可忽視的是，東漢

時期是我國書體發展的一個十分重要的階段。這一時期，隸書在新書體的衝擊下趨向崩潰，真行書體如雨後春筍蓬勃興起，大草、章草、簡化字不斷涌現，並被上層社會採用，在民間也廣泛流行。如果説百家争鳴的諸子給東周的哲學思想論壇帶來了一片繁榮氣象的話，這批無名氏的書體藝術則給東漢藝林迎來了一個百花齊放、群芳吐艷的絢麗春天。正因爲東漢時期的書法取得了如此豐富的成果，一個半世紀後的東晋纔有條件發展成爲中國書法藝術的高峰。在我國悠久的文學藝術史壇上，晋書方能與唐詩、宋詞、元曲争艷比美。

在曹氏墓字磚刻書被發現之前，一些人認爲隸書自秦形成以來，一直盛行於兩漢、魏晋之時，直至齊梁，真行書體方纔出現；甚至有一些人認爲真行書體問世還要推遲到隋唐時期。1965年，我國學術界開展了一場關於《蘭亭序》真僞的辯議討論，其主要焦點就是真行書體形成的年代問題。正因爲有些人以東晋時期不會有真行書體的可能，來作爲堅持《蘭亭序》僞説的理由，從而否定王羲之的這一偉大的、具有典範意義的書法作品。當然，人們對三國鍾繇和東漢張芝的作品也更有疑問了。正因爲如此，認爲右軍祇能書寫帶有隸風的、像《爨寶子碑》那種書體的人，斷定《蘭亭序》是僞造的，或是出於唐人的手迹。十多年過去了，這一長期争論未休的問題，終於由曹墓字磚給我們作出了明確的論斷：早在東晋一個半多世紀之前，由於真行、草、簡化字的産生，東晋王右軍書寫《蘭亭序》那樣的文字書體是完全有可能的。再如鍾繇的《上尊號碑》雖屬隸書，但他的書劄如《宣示表》等却已楷化了。東漢張芝的草書，也是應該給予肯定的。曹墓字磚的重大意義就在於此，它的價值是無法估量的。

（五）曹操宗族墓磚文書體考略[①]

亳州地處皖北，位居黄淮中部，古稱中原，因商湯都亳而得名。東漢時稱譙，爲豫州刺史治所。三國時爲魏五都（洛陽、長安、譙、鄴、許）之一，置譙郡。亳州歷史悠久，尤以曹操故鄉聞名遐邇，爲全國歷史文化名城。近幾年在城南郊發現了曹操宗族墓群。目前發掘出有文字磚的墓葬已達七座，出土字磚446塊，共計1657字。其中有城南郊一華里處董園村1號漢墓（以下簡稱“董

① 原載劉正成主編：《中國書法全集》卷九《秦漢金文陶文》，北京榮寶齊，1992年，第19–21頁。

1墓”）出土的226塊，計808字；靠近南護城河處元寶坑村1號漢墓（以下簡稱“元1墓”）出土的146塊，計638字；城南郊五華里處曹四堌堆大墓群附屬1號漢墓（以下簡稱“曹四1墓”）出土的77塊，計220字。至今尚有四座墓没有發掘。這些墓葬的年代大都建於東漢桓、靈二帝時期，即曹操祖父曹騰發迹之後。

在這七座墓磚銘文中，我們不但發現有相同的人名、事物，而且還發現有同一人的手迹。所有墓磚規格一致，這些都説明當時應有一個專製墓磚的工場。當然，各墓中的磚文亦各有其特徵，如元1墓磚文突出會稽郡曹君，董1墓突出曹侯，曹四1墓突出豫州刺史曹某。字磚銘文的書體還反映出這個磚窑的規模很大，延續時間很長，製磚人很多，身份也較爲複雜，有曹家官衙裹下屬的小吏（恐怕應是磚窑中身份最高的了），還有刑徒、家奴、雇工和從外地徵集來的勞役（包括邊遠地區的一些少數民族）。基於以上因素，曹操宗族墓磚文成爲研究中國書法史的珍貴實物和資料。

在這批字磚中，除極少數朱書磚及一些陽文模印磚外，數量最多、也最引人注目的是陰文刻書磚。所謂刻書，即是用一種近似髮簪之類的細棒型器物作筆，在未乾的磚坯上刻出文字。刻寫的位置在磚的正反兩面或側面及端面。每塊磚上文字數目不等，少則一字，多則三十餘字。這些字磚文字清晰，猶如用毛筆揮寫於紙帛之上，有很高的書法價值。

這批字磚的書體，以真書和行書爲主，約佔一半以上，隸書次之，還有不少屬於章草、今草體。古代寫字有正體與俗體之别。統治階層所用書體規範嚴格，名曰“正體”；相反則把民間流行廣泛的書體貶爲“俗體”。從曹墓字磚看，文字雖出自上述幾種人之手，理應有正體、俗體之分，奇怪的是在這一千多個字中，並不曾發現其間有甚麽懸殊的差别。這一情况使我們對東漢社會總的書法趨勢有了進一步的認識。

隸書在西漢已經開始盛行起來，但行、草、真書又於何時漸趨成熟並開始流行？由於史料的缺乏，這一問題長期懸而未决。此次曹操宗族墓磚的出土，恰恰爲我們解决這一問題提供了極重要的依據。字磚較爲規範的隸書如元59號磚，文曰“作此大辟（壁）者丁永豪故核”，結字及點畫的刻劃都十分熟練，反映了東漢末期隸書的普及水準。從另一塊元62號磚上的“無想俱然之夸”六字，我們可以清楚地發現，由於要適應快速簡捷的書寫要求，帶有隸書遺迹的行書萌發了。在這裹隸書的横扁體態以及在每個字中幾乎都要突出的長捺，被極大地削弱了。

“然”字中部的點與横之間還發生了連綿。元38號磚“乃至逮没君，小人當即躓踧，親拜葬，臣均”共16字，比元62號磚更近一步，已經徹底擺脱了隸書的固有模式，蜕變爲成熟的行書體。我們知道，一種新書體的誕生，必然要經過一個萌生、發展、成熟的過程，這充分證明，曹操宗族墓磚文中楷書的發展與行書的成熟，絶非是這批製磚人即興發明創造出來的，它的源頭必然在延熹之前。

尤其值得注意的是，兩種草書體，即章草與今草，也同時出現在曹氏墓磚之上。關於章草一名的由來，一説始於漢章帝，一説是用於奏章之書體。這兩種説法都有望文生義之嫌，是靠不住的。另一解釋爲：章草是隸書的速寫，又稱草隸。章草體勢平正，筆法亦與隸書頗近，故此説較爲妥當。元2號字磚上的“會稽曹君”四字，結構已是地道的章草書體。聯想到流傳至今的晋以前的章草書遺迹均不可靠，那麽對於出自漢人之手的這件磚文真迹，便不可小視了。

曹墓字磚上的大草真迹同樣是這批刻劃磚文的精華。這類草書字體簡練，結構精當，“書寫”純熟。如元39號磚“爲將奈何吾真愁懷”八字，可謂一篇大草傑作，實爲漢魏金、石、簡和帛書所未見。

曹墓字磚上兩種草書同時出現，給我們提出了新的探討課題，即章草與今草的關係。如果説章草源於隸書之速寫，那麽今草又源於何時、何種書體呢？

清包世臣在《藝舟雙楫》裏説：“校勘《晋書》，見《衛瓘傳》云‘漢興而有草書，不知作者姓名’。”令人欣慰的是，今天曹氏墓磚的出土使這一記載得到了有力的印證。新興的草書起自民間，當然“不知作者姓名”。包氏還在該書《論書十二絶句》中有“伯英遺篆爲狂草”之句。伯英即酒泉張奂之子張芝，東漢人，善草書，時稱“草聖”。張芝真迹難覓，但曹氏字磚上無名氏所作草書，運“筆”飛動，體勢磅礴，已足見東漢時期一般人草書水準之高，又何况是被譽爲“草聖”的伯英先生！

有一點可以肯定，今草並非僅僅源於章草和行書，復章爲草的説法是不確切的，行變爲草的説法也是出於想當然。因此，可以初步斷言，章草、行書、今草之間並不是簡單的“父子”關係，更絶非“父子孫”的關係。這一點，曹墓字磚的原迹作了有力的回答。

在曹操宗族墓磚文未被發現之前，許多人認爲隸書自秦出現以來，發展於西漢，盛行於東漢，至魏、晋、齊、梁間，真、行、草書方纔相繼出現。1965年在我國學術界開展的有關《蘭亭序》真僞的辯論，其主要焦點就是有關真、行書出現和形成的年代問題。正因爲有些人以東晋時期不會有真、行書體的可能，來作爲堅持《蘭亭序》僞説的理由，故而對東漢張芝與三國鍾繇的作品也更有疑問了。十多年過去了，這一長期争論未休的問題，終於由曹操宗族墓磚文作出了無可辯駁的裁判：即是説，早在東晋一個半世紀之前，由於行、草書的成熟及楷書的萌生，東晋王羲之寫出《蘭亭序》那樣的書體已是完全有可能的了。

漢代是我國書體及書法藝術發展過程中最爲重要的階段，並取得了豐碩的成果，正因爲如此，一個半世紀後的東晋纔有條件成爲中國書法藝術史上的又一個高峰。

二、論中國與日本古代文化的關係

（一）倭人字磚
——古代中國與日本的文化往來①

1. 序論

“倭人”一詞是古代中國人對居住在日本列島上的居民的稱謂,或者更準確地說是指日本北九州一帶的居民。這種稱謂最早起源於何時，目前尚難以斷定。盧弼《三國志集解》上説：“周初天下太平，越裳獻白雉，倭人貢鬯草。”倭人當時是通過甚麽途徑渡海來到大陸的，還有待進一步研究。盧弼所引，出自漢代王充所著的《論衡》之《儒增篇》，至於王充又引自何書已無法知曉。盧弼又引證了《山海經》上面關於“南倭、北倭屬燕”的記載。《山海經》一書撰者佚名，約著於戰國時期（公元前475—前221年），書中記事被人批評多屬怪誕，但不少學者還是認爲這本書對研究古代地理、歷史仍不失是一部有重要參考價值的著作。故南、北倭之説不能被視作無稽之談，應是能使人信服的。燕，古燕國，位處幽州之地，包括遼東、河北、山東的一部分。這些地區陸接朝鮮半島，水濱渤海，屬於中國偏北的東部陸地，是與倭人最接近的地區。尤其是，倭人同朝鮮半島的關係更應早於同中國大陸的接觸，所以《山海經》謂南倭、北倭屬於燕，應當理解爲當時燕國南北都曾有倭人居住。如果此説無訛的話，不難想像早在公元前的數個世紀，中國大陸的東北部居民群衆就已與日本列島上的北九州倭人發生了社會往來關係。

① 原載《歷史與人物》，東京中央公論社，1983年12月。日文稿由日本同志社大學教授森博達先生翻譯。

公元前後，在日本列島的西部出現了許多部落國家，中國統稱他們爲倭國。這時，倭人社會還正處於史前文化階段，沒有文字記事，即使傳説也比較少。日本最早的兩部歷史文獻著作《古事記》和《日本書紀》，成書時間都比較晚。尤其是《古事記》，是後人根據傳説撰寫的，所以作爲研究依據是不大靠得住的。但是，倭人與中國接觸很早，兩漢時期倭人就同中國官方發生了關係，因此在中國歷史文獻上很早就出現了關於倭人活動的記載。其中，最早和較詳細記述的當是“二十五史”中的《三國志・魏書・倭傳》，其次是《後漢書・倭傳》。這種顛倒是就其成書時間先後而言的。《後漢書》始著於南北朝時期的宋元嘉九年（公元432年），然《三國志》成書不晚於西晉元康七年（公元297年），比《後漢書》早成一個多世紀。因此僅就《倭傳》的史料價值而言，有的學者認爲《三國志》的著書時間離魏非常之近，故其可靠性要比《後漢書》大得多；或者説由於《後漢書・倭傳》晚了一百多年，它是抄襲了、起碼是參考了《三國志・魏書・倭傳》撰寫而成的，故其史料也就没有甚麽重要價值。誠然，筆者認爲古人著書各取所長，當然是要參考不少資料的，范曄也不例外。這一點在中華書局近年出版的《後漢書》的出版説明中已講明，説范曄是“博採衆書，裁成漢典”，對他的著書態度也給予了恰當的評價，謂其“簡而且周、疏而不漏”，可見其取材嚴謹、録之有據。因此《後漢書・倭傳》所提供的史料的價值不可忽視。細觀兩書關於倭人的記載，雖有雷同，但又各有所長，不可或缺。比較而言，《後漢書》所載倭人史料偏早，多屬日本古代彌生時代早中期的社會情況，而《三國志・魏書》則重在記叙彌生時代中晚期的社會情況。日本彌生時代大致始於公元前3世紀、終於公元3世紀，約六百年的時間，正相當於我國戰國晚期至西晉結束的這段時間。因此，《後漢書》《三國志・魏書》所載倭人社會歷史的資料都具有非常重要的文獻價值。據日本同志社大學森浩一教授談，最近一個時期，人們對“日本人到底是從哪裏來的”這一問題的討論十分熱烈。要研究日本人的起源，當然首先要研究倭人問題、倭人與中國的關係問題。所以國内外學者在研究倭人時，《三國志・魏書》《後漢書》就成爲較早的、比較可靠的文獻史料了。

研究倭人問題，僅限於史書是不够的。近些年來，日本考古界對繩文時代、彌生時代以及古墳時代的文化遺址和墓葬做了大量的科學發掘和研究工作，對日本古代史的研究有了很豐富的收穫。中國和日本是一衣帶水的鄰邦，僅從文獻記載上看就有兩千多年的文化往來關係。對於倭人問題的研究，我們也十分關注。

近些年來，我們也特别注意在考古中發現的有關古代中日關係的實物資料。1977年，安徽省亳縣博物館在曹操宗族墓葬中發現一塊東漢時期書刻的倭人字磚，上面陰刻“有倭人以時盟不”的七字銘文。這一新的發現爲研究倭人同中國的關係問題乃至倭人古代社會的問題，提供了新的實物證據。這一發現引起了日本史學界、考古界學者的注意。本文僅就這一發現，漫談一下古代中日文化往來的關係。

2. 倭人字磚

倭人字磚出土於安徽省亳縣元寶坑村1號東漢墓，該墓屬於曹操宗族墓葬之一。同墓出土的字磚共164塊，按順序，該磚編號爲74號，故又稱爲亳縣元1墓74號字磚。①

元寶坑村位於亳縣城南郊，北距護城河約兩百米，西臨南關大街，南横亳阜（陽）公路，東鄰董園村。元寶坑村1號東漢墓②位於村内，是一座圓形土包墓，高四米多，面積三百多平方米。墓室爲磚結構，石門向東，分前室、前耳室、中室、中左耳室、中右耳室和後室，總長14.4米，寬8.72米，計123.3平方米。墓室墻壁上留有彩繪殘迹。墓磚有兩種類型：一、長方條磚，作砌墻、鋪地用；二、楔形磚，作券墓室室頂用。楔形磚又分大小兩種，大楔形磚砌中室用，小楔形磚砌其他各室用。倭人字磚是一塊長36.5釐米、上寬21釐米、下寬16釐米、厚6.5釐米的大楔形磚，本是砌在主室（中室）頂上面的。發掘前，該墓已多次遭受嚴重的破壞，中室券頂部分有四分之三倒塌下來。倭人字磚就是在倒塌下來的大楔形磚堆中發現的，發現時僅存磚的四分之一，並從第二、三字之間斜裂。墓中其他字磚分别發現於各室斷墻、殘券頂部和倒塌下來的亂磚中。從發掘過程中，我們知道字磚放置無規律，即不是爲墓主人有意安排的，與葬式無關。這批字磚的來源應是做磚坯工人在製作磚坯時，在磚坯未乾之前，利用各種粗細不等的小棒物或金屬杆物在磚坯上面隨意刻寫，待坯幹後燒成磚，作爲一般磚砌入墓内，所以字磚内容不可能有規律。縱觀這批文字，書刻的書體不盡相同，有篆、隸、真、行、草、章草等；有一部分文字如大草、行書、篆、隸等文字，大都氣質挺

① 參見亳縣博物館《安徽省亳縣發現一批漢代字磚和畫像石》，《文物資料叢刊》第二輯，北京：文物出版社，1978年。

② 參見亳縣博物館《亳縣曹操宗族墓葬》，《文物》，1978年第8期。

秀、蒼勁有力，草隸很有漢簡風格，具有很重要的書法研究價值，對研究我國古代書體的形成、演變有非常重要的價值。[①]文字在磚上面的位置也不同，有的書刻在磚的一頭，有的在側面，然大部分都是書刻在磚的繩紋面上的。文字多數是竪寫的，但也有少數横寫的。磚上文字刻寫的好壞有差，有的出自文墨之手，有的當是勞動人民的手迹。因此，字磚文字反映了做磚坯工人的不同出身、不同身份、不同來源和多種多樣的思想情緒。據初步分析，做磚的人主要有以下幾種：一是比較有學識的，這部分人大都是因觸犯了王法而被免職貶罰勞役、充當刑徒的官吏，行、草、隸等一些有書法功底的字當出自他們之手。如元59號字磚銘文有“作此大辟者丁永豪故核”，元19號字磚銘文又有“丁掾永豪致獨”。原來丁永豪是一位掾史或掾吏一類的官。一位官人在此做大磚坯，不是刑徒又是甚麽呢？元72號字磚上有“六任”字樣。任，擔保之意，保人也。《周禮·秋官·大司寇》有“使州里任之，則宥而舍之”的記載，司寇是主刑之官，説的是州里擔保、刑徒得釋的意思。六任，意思就是取六位保人了，在此亦爲刑徒而非他指。二是曹氏家族派來監工製磚的小頭目。如元30號字磚銘文有一首五言詩：“人謂壁作樂，作壁正獨苦。却來却行辟，反是怒皇天。”這首詩後面署名爲“壁長契”，應是做磚工人最基層的頭目，是要直接帶領工人勞動的，最能體會到製磚人的苦衷，故在五言詩裏將這種情感表達無遺。三是曹氏家族的佃農、雇工，他們可能是無償勞動的，如元38號字磚銘文有“小人當即蹪踋親拜喪”等語（按：蹪踋即跪倒），這是家僕對主人的尊拜之意。四是從外地來的移民或招募的勞力，如元29號字磚銘文“吾本自平原（今山東平原縣南）自姓爲張”，表達了一個異鄉人對家鄉的惦念。五是曹家買來的奴隸，元51號字磚銘文“買汝作辟可棠”，清楚地記載了買奴隸做磚的事實。特别值得注意的是，書刻字磚的還有以下兩種人：一是太平道的信徒，如元32號字磚銘文上有“倉（蒼）天乃死”幾個字，它是當時太平道教徒活動的口號，顯然在做磚坯的勞動階層中，有一些是太平道教徒；二是倭人，當然也可以歸納爲上五種人中的第四種人，元74號字磚銘文就是他們留下的真迹。

倭人所書刻的元74號字磚“有倭人以時盟不”七字銘文與其他文字有所不同。首先是字體大小不一，字形陰刻十分生硬，排列更不整齊，上三字大，下四

① 李燦《從曹操宗族墓字磚看中國書體的演變》，《光明日報》1979年2月7日；李燦《曹氏墓字磚考》，《江淮論壇》，1979年第1期。

字小而歪斜，不能不被人認爲是出自一位初學漢字的人之手。此外，由於後四字上面留有用物拍打而形成的被壓的痕迹，因此第四、五、六字欠清晰。看來是字刻好後又不欲保留，故用物拍打企圖消除“墨迹”，但由於磚坯已接近曬乾，字迹没能消除。倭人字磚銘文的第一個字是“有”，字體變長，唯一的横筆略帶隸風。第二個字的寫法是“倿”[①]，略與今天所用的“倭”字有所不同。“亻”無問題，衹有“委”中間少了一竪筆，而“女”上中間又多一横筆（點），有人認爲應釋爲“佞”或“傛”。佞，音nìng，有才而妄也，雖作名詞，然字體結構與“倭”差别甚大，字形並不一樣，亦不能按錯筆、缺筆將其推斷爲“佞”。至於“傛”，音yàn，寧也，非名詞，無需多議。因此對以上兩字的考慮都是多餘的了。故筆者認爲“倿”是“倭”的錯筆字，即把一竪劃成了一横點，或按“倭”的寫法而錯筆。字磚上似這樣的錯筆字還有不少，如元29號字磚上的“張”字，應是“張”的錯筆；再如元32號字磚上的“死”字，應是“死”字的錯筆。東漢晚期，正逢中國文字書體發展演變的重要階段，即從隸書向真、行、草書體急驟演變的關鍵時期，一些新的字體、字形尚存在着筆畫未定型、寫法不統一的現象，出現一些錯字、亂字本是不足爲奇的。所以，如果釋譯字磚銘文的時候，過於强調現代漢字的筆畫字形，肯定有不少字是釋不通的，更何况古代“倭”字的寫法根本就不止一種，既不統一用字，也没統一字形。《隋書・百濟國傳》有“畿内爲五部，部有五巷，士人居焉。五方各有方領一人，方佐貳之。方有十郡，郡有將。其人雜有新羅、高麗、倭等，亦有中國人”之説，其《校勘記》云：“其人雜有新羅高麗倭等。‘倭’原作‘俀’。按古從‘委’和從‘妥’的字，有時可以通用。如‘桵’或作‘楱’，‘綏’或作‘緌’。‘俀’應是‘倭’字的别體。本書《煬帝紀》上作‘倭’。本卷和他處作‘俀’者，今一律改爲‘倭’。”十分清楚，上述古時“倭”字的寫法很多，統一寫法至隋炀帝時开始。元74號字磚“倿”字的寫法與“俀”非常相近，所以釋作“俀”字是没有問題的。“俀”字也就應釋作今天使用的“倭”字了。既然古代“倭”字的寫法很多，又是不統一的，如果强調東漢時一定要用“倭”字來作爲標準，豈不違反了歷史客觀事實？！“倭”既是中國人對古代日本西部居民的稱謂，是否爲音譯尚無據可考。不過古時“倭”從“委”、從“妥”、從“俀”等，至少有兩個

① 李燦《略述曹氏坑墓74號字磚》，《文物》，1981年第12期。

讀音，一讀wō音，一讀wěi音。筆者認爲古代稱wō人、或稱wěi人都是可以的。讀音既已這麽複雜，如果再叫一位初學漢文字的外國人掌握十分準確的寫法不就更難了。第五個字寫法爲“时”，釋爲“時”字的簡體。東漢時期，不僅真、行、草書體已經形成，而且簡體字也已非常多而且流行了，在字磚上屢見不鮮。如元2號字磚銘文上的“[illegible]”字，就是“會”的簡體；“[illegible]”字就是“曹”字的簡體；還有“書”字簡化爲“[illegible]”，“臨”字簡化爲“[illegible]”。因此將這個字釋爲簡化的“時”字是完全行得通的。第六字應釋爲“盟”，衹是由於拍打而稍欠清晰，這個字是没有問題的。中間第四字的筆畫很不清楚，也是因拍打造成的，僅存“[illegible]”幾筆。筆者將此字釋作“以”的缺筆字，是因爲這個字應是介詞或連詞。上面“倭人”二字是名詞，作主語；下面“時盟”二字屬動詞，中間用“以”作爲介詞是完全符合語法的。最後一個字是“不”，在這裹是當作語助詞用的。因此，“有倭人以時盟不”這句話反映的是倭人結盟這一項重大事件。

同倭人字磚一起出土的還有一塊帶年號的磚，即元9號字磚，上面書刻銘文“建寧三年”。建寧是東漢靈帝劉宏的年號。它反映的這個時間，有兩種解釋，一種就是當時燒製元墓磚的時間；一種就是按照日本星宫惠一先生的説法，是製坯工人見到其他如墓碑上的年號隨便刻寫的①。這樣時間就晚了一些，但最遲不會晚於公元178年。對此下面還會交待。這個時候，適逢倭國大亂，按《後漢書·倭傳》的記載，“桓、靈間倭國大亂，更相攻伐，歷年無主。”《三國志集解》注引沈家本語，曰：“《御覽》作‘漢靈帝光和中’六字。”它是倭國的第一次大亂，有可能從漢桓帝末延續到靈帝光和以後，共二十多年時間。倭人字磚的發現，正與當時倭國這場大動亂有着密切的關係。倭國連年的戰亂，使國無寧土，大批倭人失去生計，不得不逃亡海外，到朝鮮半島或中國大陸上謀求新的生活出路。古代，每逢亂世，大批國人外逃均屬常事。中國秦亂之際，燕人逃往南朝鮮，亦有漂移至倭島的，即後來韓倭所稱的“秦人”。倭人外逃也不例外。但是這些逃亡到中國大陸的倭人與曹家又有甚麽關係呢?

亳，即亳州，古稱譙，地處中國大陸東部、黄淮平原中部，東漢時是豫州刺史的治所②，是魏武帝曹操的故鄉。城南數里都有曹操宗族墓群，元寶坑村1號東漢墓是曹氏家族墓最北的一座。該墓1至7號字磚銘文都是有關會稽及“曹

① 〔日〕星宫惠一《亳縣後漢墓之倭人磚研究》,《古代學研究》, 1980年6月。

② 參見《後漢書·郡國二》。

君”的銘文，如“會稽曹君”“會稽曹君夭年不幸喪軀”“念會稽曹君棄離帷屋（幄）”“會稽明府早棄春秋不竟也”等，這些都是對元墓墓主人的禱念詞句。墓主人無疑是會稽郡的曹太守。曹太守是誰且不表，倭人字磚從曹太守墓中出土，不能不讓我們把倭人與曹太守、會稽與譙城緊密地連結在一起了。會稽，原爲山名，郡治在山陰（因位於會稽山之北而得名），即現在的浙江紹興地方，緊靠杭州灣。這裏很早就與倭人有往來關係。目前，日本有些學者認爲日本的水稻就是從江南會稽傳去的。《史記・周本紀》載稱，會稽古爲百越雜居之地，周太公之子太伯遷封於此，後來隨越人風習斷髮文身、下海捕魚以避蛟龍之害。東越人文身的風習已盛行三千多年，它也很早就傳給了倭人，所以《後漢書・倭傳》説：“男子皆黥面文身，以其文左右大小别尊卑之差。”這種風俗的流傳是越人與倭人較早接觸的結果。又《史記・秦始皇本紀》注引《括地志》云：“有澶洲，洲上有徐福等後人數萬家，常有到會稽市易者。”澶洲，即今朝鮮南部之濟洲島。倭人與澶洲相距不遠，澶洲能至會稽，倭人無疑也可到會稽郡了。到了東漢，這條交通路綫已比較方便，兩者往來更爲頻繁了。因此筆者認爲，倭國大亂時，會稽聚集很多倭國逃亡的難民，他們爲了生計，通過會稽郡的這位曹太守内遷，譙城的倭人就是通過曹太守内遷而來的。譙城曹氏家族中住了多少倭人，數目很難確定。不過從字磚上一些異族的名字上看，如㹌具木、婁赦阿子等，他們可能不是幾個人，可能有幾十個或幾百個。譙城曹氏家族裏的倭人，也有可能來自其他的途徑。譬如曹操的祖父曹騰，是曹氏家族中發迹的第一人。騰奉四帝、用事省闥三十餘年，功績一世，賜費亭侯。安帝時，初選中黄門從官，適逢倭國王帥升等獻生百六十人，這麽多“活的禮品” 是不可能全部留在宫廷裏面的。古時朝廷將四夷邦國進獻的人參、珍品分賜給他的重臣亦是往往有之的。帥升之後還有没有倭國獻生，恐怕也是不能完全否定的。因此筆者還認爲曹氏家族也有可能存在屬於朝廷贈賜給曹騰的倭國獻生。當然即使有這種可能，也不應否定會稽倭人内遷的這一主要途徑，或者説兩種可能都是具備的。

這樣倭人不僅與曹氏家族有一定的關係，而且同曹氏元1墓墓主人的關係更爲密切。最近日本與國内學者研究認爲元寶坑村1號漢墓的主人應是曹操的一位叔父曹胤。按《水經注》記載：“渦水，又東徑譙縣故城北……，城南有曹嵩冢，冢北有碑，碑北有廟堂……，廟北有二石闕雙峙,……闕北有圭碑，題云‘漢故中常侍長樂太僕特進費亭侯曹君之碑’。……有騰兄冢，冢東有碑，題云‘漢故潁川太守曹君墓’。……墳北有其元子熾冢，冢東有碑，題云‘漢故長水校尉曹君之碑’。歷太中大夫、司馬長史，引侍中，遷長水，年三十九卒，熹平六年造。熾弟胤冢，冢東有碑，題云‘漢謁者曹君之碑’，熹平六年立”，所以字磚年代最晚不過熹平六年（公元177年）。《水經注》所記是靠城最近的五座曹氏墓，分别題名爲曹嵩（没提曹嵩墓碑）、曹騰（衹提碑没提冢）、曹褒、曹熾、曹胤。這五座靠城的大墓目前都還存在，其中有三座已於1975年至1977年進行發掘，即董園村1號、2號墓和元寶坑村1號墓。没發掘的就是董園村西邊的觀音山堌堆、元寶坑村南頭的薛家堌堆。五墓相距很近。然當年酈道元先生所叙之碑碣早已蕩然無存，如欲搞清五座墓主人的姓名，衹好再從出土文物來着手進行合理推斷了。董1墓出土銀縷玉衣一件、銅縷玉衣一件，爲合葬。董2墓出土銅縷玉衣一件，應是單身葬。操父曹嵩生前官職最高，爲大司農、大鴻臚，官至太尉，葬服適用銀縷玉衣。因此，董1墓應是曹嵩墓，董2墓應是曹騰墓。二墓之西的觀音山堌堆，應是騰兄、曾做過潁川太守的曹褒之墓了。元寶坑村南之薛家堌堆，正在觀音山堌堆之北，按《水經注》所叙位置無疑應是曹熾之墓。再北即元1墓，就是曹胤的墳了。但是《水經注》所載胤之墓碑題名爲“謁者”，而元1墓字磚銘文則爲會稽太守，文獻與實物不符。田昌五先生在分析中認爲元1墓中的會稽太守就是曹胤，他是先爲謁者後遷會稽的。[①]謁者係在朝廷掌賓贊、奉詔書、禮賓客之官。從職務分析，他與四方夷國諸侯是廣泛接觸的。曹胤死前（熹平六年，公元177年）正值倭國大亂方興，當時與漢朝有往來的倭國，無疑要向漢朝求援，因此信使往返，都會與曹胤頻繁接觸，曹胤必將成爲當時對倭國内亂最爲瞭解、處理倭國事務較爲重要的官員了。曹胤年輕有爲，漢朝爲了方便處理倭國事務，派他任會稽太守，這種推斷不是没有道理。曹胤在會稽不僅要做諸倭國的工作，而且還要内遷聚集在會稽的難民，自然成爲與倭人關係最爲密切的人了。

倭人字磚就是在特定的歷史條件下和極爲複雜的環境中産生的，因此，它具有特殊的歷史研究價值。

3. 倭人同中國

倭人同中國的往來最早是從甚麽時候開始的？這一問題與“倭人”這一名

---

① 田昌五《曹操宗族墓和〈水經注〉的有關問題》，《中國歷史博物館館刊》，1981年第2期；田昌五《讀〈對曹操宗族墓字磚銘文的一點看法〉有感》，《文物》，1981年第12期。

詞起源於何時一樣，目前没有準確的答案。中、日兩國學者一致認爲兩者之間最早的接觸是民間的往來。這在日本考古方面得到了證實。1884年，日本東京文京區彌生町首次發現一種區别於繩文時代的陶器，這一新的文化類型被命名爲彌生式文化。彌生式土器就是在繼承繩文文化的基礎上，受到中國陶器文化的影響而産生的一種陶器類型。這説明在公元前三四世紀，也就是倭人還處於原始社會新石器時期時就同中國有了民間的文化往來。日本是由石器時代直接進入鐵器時代的，不像我們中間還經歷了一個青銅器時代。這是因爲日本的鐵器是由中國輸入的，而且傳入的時間也很早。如熊本縣玉名郡岱明町野口尾崎遺址出土一件鐵鏃，被認爲是繩文晚期的遺物，最晚也應是彌生初期的；還有熊本縣玉名郡天山町齋藤山遺址出土的鐵斧、廣島縣下關市綾羅木鄉臺地遺址出土的刀子，都被認爲是彌生早期的遺物。在彌生時代的考古中，已發現的有鐵器出土的遺址、墓葬有兩百多處，出土鐵器五百多件。[①]出土鐵器的類型也非常豐富，有作爲農具使用的鋤、鍬、鐮、鈞、針、銛等，有作爲工具使用的斧、鑿、刀子等，有作爲兵刃的劍、矛、刀、鏃等，還有作爲其他用途的釧、釘等。當然，後期倭人學會了冶鐵技術，其中有一些是屬於倭人自己製造的鐵器。但是無論是鐵器的輸入，還是冶鐵技術的輸入，都説明倭人同中國的民間往來關係很早就建立了，而且還是比較頻繁的。

中國先進的水稻種植技術傳入日本列島的時間，有人説是在漢武帝時，但也有人説是在彌生時代早期。至於是從中國的哪個地區輸出的，由於中國幅員遼闊，歷來説法不一。有人認爲是通過朝鮮半島傳出去的，也有人認爲是經會稽從江南傳去的。筆者認爲這種先進的水稻種植技術從哪裏輸出，首先取决於我國各個地區農業發展快慢、技術水平高低等具體情況，當然這也牽涉到水稻輸出的時間問題。中國約在一万年前就已進入新石器時期，並已開始了定居的農業生活。長期以來，在黄河中下游包括陝、山、豫、魯、冀南、皖北地區形成了以種植農作物爲主的經濟區，水稻是農作物種植中的一項。中國典籍中有關水稻的記載很早就有。許慎《説文解字》釋“秜”説：“稻今年落，來年自生，謂之秜。”“秜”又稱“穭”“稆”。日本島邦男先生《殷墟卜辭綜類》集“稻”的寫法爲“[illegible]”“[illegible]”。陳夢家先生《殷墟卜辭綜述》釋甲骨文“稻”時説：“乎甫

① 〔日〕川越哲志、藤田等《彌生時代鐵器出土地地名考》，《日本製鐵史論》，1970年。

稅於娟，受出年。和弗其受出年對貞”，“甫”是人名，“娟”是地名，意思是命甫在娟種稅，卜問能否有好收成。甲骨文揭示了三千多年前北方種稻的事實。此外，《詩經・國風》有“十月穫稻”句，《漢書・地理志》也記載青州、幽州、兗州、豫州都產有水稻。這種種植一直延續到公元五六世紀，如大同三年（公元537年）九月，“北徐州境内旅生稻稗二千許頃。”[1]魏晋以後，北方多亂，許多莊田荒蕪，水利設施遭到嚴重的破壞，水稻交成野生，歷代饑民採穭自給，史傳習見。古代，黄河中下游不僅種植水稻，而且種植技術也是全國最先進的。公元前500年左右，没落的奴隸制崩潰，中國進入到封建社會，生產力得到了發展，農業生產進入到一個比較興盛的時期。從《詩經》看，春秋時北方就有了翻土用的耒耜，類似鏟的錢，刨地用的銚，鋤草用的鎛和鎒，以及收割用的鐮和銍，農具已經有了較細的功能分化。到了戰國，鐵犁牛耕的使用和推廣，使耕作栽培技術又有了更大的提高。《莊子・則陽篇》説：“深其耕而熟耰之，其禾蘩以滋。”《韓非子・解老篇》説：“積力於田疇，必且糞灌。”這説明當時人們都已明白了深耕、施肥、灌溉的重要性。賈思勰《齊民要術・水稻篇》説北方高原種稻用移栽法。諸如此類，不一而足。無疑，先進的水稻種植技術是從實踐中摸索來的。因此可以説黄河中下游地區是古代農業最發達的地區，其種植技術也是最先進的。

而當時中國的江南，從史書記載來看，地曠人稀，土地瘠薄，種植方法落後，由於多山伐漁獵之利，農業上未能發揮其氣暖水多的優越條件。[2]所以《齊民要術・水稻篇》也説江南一直用火耕水耨的原始種植方法。到了公元四五世紀，北方經歷了五胡十六國一個多世紀的紛亂割據，農田常年失耕，江北的大批難民涌進江南，並將江北先進的文化技術帶進了江南，促進了江南的繁榮。因此，早在彌生時代早期，中國江南的農業還不發達，哪有先進的種植技術傳給倭人。

農業先進技術還體現在中國鐵器的發展和使用上。春秋時我國已經開始使用鐵器，到了戰國就十分盛行，但普遍使用鐵器的地區仍然集中在農業最發達的黄河中下游地區。到了西漢，朝廷開始設營鐵官，僅中原就設有四十處之多，説明過去的鐵器生產在這裏是比較集中的。所以説傳給倭人的先進的水稻種植技術，不僅僅衹有稻種，還應包括耕作、播種、移栽、施肥、灌溉，乃至鐵農具的操作

---

① 《梁書・武帝紀》。

② 參閱《後漢書》。

使用。因此，我們説日本最早的水稻種植技術是從黄河流域農業最發達的地區傳去的。古老的日本文化同中華民族的摇籃——黄河中原文化有着非常密切的關係。東漢時期倭國大亂時，倭人内遷中原譙城，與古文化的影響不無關係吧！

前面已經説過，遠在日本繩文時代，中國陶器傳播至日本的路綫是個謎。同様，在公元前二三世紀，黄河中下游的冶鐵、鐵器、水稻種植等先進技術是經由甚麽地方傳去的，目前也不能確定。但我們似乎可以從中國一些帶有神話色彩的史料中得到一些啓發。古代一些書籍把倭人居住的島嶼稱作暘谷或扶桑，如"日出於暘谷，浴於咸池，拂於扶桑，是謂之晨明"[①]，即是説倭國乃日出之地。這與唐高宗李治咸亨元年（公元670年）倭國更國名爲日本的含義相同。又説扶桑在中國之東，相距兩萬里，因島上多扶桑木，故稱扶桑國，[②]至今仍有稱日本爲扶桑的。另一種説法，東海中有三仙島（或三神山），名曰蓬萊、方丈、瀛洲，仙人居之，金銀宫闕。燕人宋毋忌有仙道，齊威王、齊宣王、燕昭王皆信其言，使人入海求仙，秦始皇也遣徐福率童男女數千人入海，尋蓬萊長生不老藥。[③]我們認爲這些取仙藥的神話，可能是戰國以來長期受黄老道教影響的結果。如果揭去蒙在事實上面的一層經神話渲染的輕紗，我們不難發現，在黄河下游的山東半島上另有一個通往東方倭人島嶼的出海口——琅琊。琅琊，秦時爲郡，有琅琊山，位於山東半島南部。昔越王勾踐徙於此，作琅琊臺以望東海。齊人徐福從這裏入海後，到了亶洲，説明琅琊和亶洲之間在很早之前就有一條海上交通路綫，且可由亶洲再至倭島。這條路綫，到了西漢就很可能被漢武帝開闢的樂浪郡的路綫代替了。由琅琊至亶洲至倭島的這條路綫就是中國古代最早的文化輸出路綫之一。

倭人形成氏族部落之後，也就是在中國稱他們爲倭國後，因爲同中國漢朝有了官方接觸，中國史書對它也就開始有了記載。最早科學地把東方島嶼稱爲倭人居住的地方的文獻是《漢書・地理志》。據該書記載，"樂浪海中有倭人，分爲百餘國，以歲時來獻見云。"顔師古注引《魏略》一書説："倭人在東南大海中，以山島爲國。"按，倭人同中國漢朝正式開始官方往來是在漢武帝元封三年（公元前108年），即漢武帝設樂浪郡時。《漢書・武帝紀》載，元封二年（公元前109年），"朝鮮王攻殺遼東都尉，乃募天下死罪擊朝鮮"，翌年夏，"朝

① 《梁書・扶桑國傳》。
② 《資治通鑑・秦紀》。
③ 《史記・貨殖列傳》、《漢書・地理志》。

鮮斬其王右渠降，以其地爲樂浪、臨屯、玄菟、真番郡。”倭國向漢武帝進獻正是在這個時侯。當時與漢通驛的倭國有三十多個，自有官方往來後，樂浪郡就成爲倭人同漢朝相通往來的主要路綫了。

關於樂浪交通綫，《三國志・魏書・倭傳》上有詳細的記載。這條路綫是從樂浪郡（樂浪，即今朝鮮民主主義人民共和國的首都平壤）開始的。由樂浪南行到帶方（魏時設帶方郡，今沙里院南），乘船入海循海岸水行，歷韓國（即馬韓、弁韓、辰韓，謂之三韓，今韓國），然後經濟洲海峽轉向東，仍沿海岸行至狗邪韓國（即今韓國慶尚南道的釜山），由此渡過一千餘里的海峽，到達對馬國（即現在日本的對馬島。對馬島當時有千餘户，無良田，食海物，乘船南北市糴，説明在這之前島上居民已經溝通了南北交通），從對馬島再南行，越過對馬海峽，至一大國（筆者認爲“一大”應是“一支”之誤，“一支”也就是今日日本的壹歧島。這個島的居民同對馬島的居民一樣，南北市糴），從壹歧島再渡過一千餘里的海面，到達末盧國（今九州佐世保港），從這裹登陸，向東南陸行五百里，到達伊都國（古稱怡土），從伊都國東南行百里爲奴國，再東行百里至不彌國，由不彌國向南水行二十日至投馬國，再向南至邪馬臺國，即倭女王之所都。這條路綫自漢武帝於公元前108年開通後，就一直是古代中日文化、經濟、政治往來的一條主要路綫。該書對沿途各國地理風情的記述，如作者親身經歷，説明當時人們往來的次數是非常多的。

西漢晚期，王莽篡位，貊人寇邊，中國大陸動亂不已，倭人與漢朝的官方往來暫時中斷。但是，從日本考古界近來考古發掘出土的王莽貨幣來看，雙方民間的往來，並未因爲漢朝政局的動蕩而徹底停止，交往還在繼續。到了東漢初年，光武中興，遼東太守祭彤威讐北方，聲行海表，再次打通了通往朝鮮半島樂浪郡的交通路綫。建武中元二年（公元57年）春正月，“倭奴國奉貢朝賀，使人自稱大夫，倭國之極南界也。光武賜以印綬。”倭奴國當是九州的一個地方。“委”讀作wa，“奴”讀作na，木宫泰彦先生認爲就是《書紀》中説的“儺（na）”，即後來的“那珂”。[①]倭奴國的這次朝賀，受到漢光武帝的封贈，給予“漢委奴國王”的封號，説明漢朝時與諸倭國之間的關係更加親密。1784年，日本九州福岡縣志賀島出土的“漢委奴國王”五字銘文蛇紐金印，當是漢光武帝賜給倭奴國

① 〔日〕木宫泰彦著、胡錫年譯《日中文化交流史》，北京：商務印書館，1980年，第12頁。

王的印鑒，證明了《後漢書・倭傳》的史料是真實的。又過了五十年，至漢安帝永初元年（公元107年），倭國王帥升等獻生口百六十人。至漢桓、靈二帝時，倭國發生了大亂，漢朝與倭人、或者説倭人與漢朝的官方往來到此告一段落。這兩百年應是倭人同漢朝官方往來的第一階段。

在從西漢武帝至東漢安帝一共兩百多年的時間裏，根據《後漢書》的記載，倭人共有三次向漢朝朝獻。筆者認爲不能把這三次朝獻作爲三次孤立的事件來看待。第一次倭人進獻者三十餘國，這麽多國家不可能同時進獻，應作爲一個時期裏的多次進獻來看待。第二次是倭奴國王遣使朝獻受封，這是文獻上重點記述的。第三次倭人獻生百六十人，這麽多獻生，不可能是帥升一個國王進獻的。三次朝獻都意味着許許多多的倭人部落國家要與中國官方往來。當時范曄在撰寫《後漢書》時，無疑採用了簡要省略的取材方法，用今天的話説就是採取了綜合性、典型性的記述方式。透過現象觀察實質，我們不難看出在兩百多年的時間内，倭國和漢朝的官方接觸、民間往來都是連綿不斷的，或者説是頻繁的。筆者於此並非着意考究往來次數，主要是要通過這一階段的往來交流來衡量文化傳播的情況，以及中國文化對日本古代文化的影響。

隨着水稻種植技術和鐵器傳入倭國，中國大陸的銅器也相繼傳入。其類型有劍、戈、矛、鏡等。經鑒定，大多是西漢晚期的，如百乳鏡、日光鏡、清白鏡、四螭鏡。這些器物都應是在漢武帝至東漢晚期的這一段時間内傳入倭國的，它們往往成爲倭王的傳世品。這從實物方面説明了漢朝與倭國之間文化往來的情況。這些文化往來促使倭國社會結構發生了變化。

《漢書》所説“樂浪海中有倭人，分爲百餘國”，這時所指仍是日本的西部，但説明倭人的社會結構在那個時候已經開始發生變化。倭人社會在彌生時代早期還在使用粗糙的石頭工具，從事以漁撈採集爲主的原始生産，過着分散的、流動的靠山濱水的生活。自從中國水稻種植技術傳入倭人島嶼之後，他們開始了農業種植，逐漸改變漁撈採集的生活方式，並在不斷擴大的農業生産中，爲了適應農業持續勞動的需要，開始定居生活，逐漸形成人口比較集中的定居村落，改變了原來的社會面貌。特别是鐵器的傳入，與農業生産有十分密切的關係。後來，倭人也學會了冶煉技術，使鐵器得到進一步發展，從而代替了粗糙的石頭工具。鐵器的使用，不僅有利於農業的發展，而且對於造船業的發展、水上交通的進步都具有十分重要的意義。生産的發展，也擴展了人類社會的關係，原來以血緣關係自然形成的村、社、家族，逐漸結聯成爲大的氏族部落，産生了部落領袖，即我們史書上所説的酋長。但照中國古代王朝的習慣，把四夷邦族的部落稱爲“國”，呼部落酋長爲“王”。《漢書》記載的正是分佈在日本西部島嶼上的這些部落國家和酋長王國。

東漢桓、靈帝時倭國發生了一場空前的大動亂。這場大動亂推動倭人社會再次向前邁進，使倭人同中國的文化關係向更高階段發展。

4. 倭人字磚的歷史意義

公元2世紀倭國所發生的大動亂，它的起因、結果以及對日本社會有甚麽深遠的影響，這是中國和日本史學家們共同關心的問題。由於文獻記載不詳，研究這一重大事件的困難就增加了。亳縣曹氏元1墓倭人字磚的發現，爲研究這段歷史空白提供了十分重要的研究綫索。“有倭人以時盟不”七字銘文中主要的是“時盟”二字。所謂“時”，即時間、時宜、機會的意思，指的是倭國大亂的時候。所謂“盟”，即盟誓、盟約、結盟媾和的意思，指的是倭國大亂後的結盟。它具體地反映了結束這場大亂的方式方法問題。當然，“時盟”二字能否作其他理解呢？譬如是僑居譙城的倭人同地方上某一個團體組織的結盟？這種考慮亦有道理。但是，在漢朝，地方上的團體組織是極少的，至今還没有發現，即使有個别的團體組織，還要考慮倭人有没有同它結盟的必要和可能。例如，譙城是豫州治所，當時城内太平教十分盛行，那麽倭人與太平教是否有結盟的可能？儘管有這種可能，但筆者認爲宗教畢竟是要以它的宗旨、信仰作爲精神紐帶的，更何況當時的太平教還處於秘密組織活動的階段，是不會公開地與倭人舉行超出宗教儀式以外的結盟的。而且，這塊字磚發現於會稽郡太守曹君墓中，與曹操先輩官宦有着某種關連，“時盟”應是指漢朝調解争端、結束倭國大亂的相關事宜。

結束倭國這場大亂並非輕而易舉之事，原因是此次動亂牽涉面廣，持續時間長，大部分的部落國家，尤其是一些生産發展較好的部落國家都捲進這場無休止的攻伐之中，無力自拔。雖然，可能有些邊陲小國還未被捲入戰火，但它們對這麽大的動亂是無能爲力的。因此，欲力挽狂瀾，必須要有一個强有力的第三者出面解决才行。根據當時亞洲的形勢，與倭國接近者，唯三韓和中國漢朝而已。然就兩國的地位和對倭國的影響而言，漢王朝無疑要勝過三韓。倭國大亂後，一方面大批倭人逃到中國大陸，造成了很大的社會影響，不能不引起漢朝當局以及一些官員們的關注；另一方面曾向漢朝進獻、與漢朝有官方往來關係的一些倭國，爲解脱本身無法自拔的苦難，選派使者謁漢求援。基於這些原因，平時受倭國朝貢的“大漢天朝”是不會袖手旁觀、不理不問的。因此，調解倭亂衹能由漢王朝出面了。當然，對漢朝官員來説，要結束倭亂，也不是一件容易之事。路途遥遠，遠隔重洋，又不能危及自身的安全，使用軍事力量進行援助看來是不可能的。即使有這種條件，其結果勢必造成倭部落國家更大的分裂，亦有失“天朝”重望，故其行動必須謹慎。結盟媾和是中國古時常見的結束戰亂或争端的方式，特别是在中國的戰國時期尤爲時興。結合當時的形勢，以此解決倭亂實屬上策。所謂結盟，包含兩種意思：一是敵對作戰雙方的休戰講和，即罷干戈，恢復太平，互訂盟約；二是某些國家的聯合，訂立盟約。但無論是哪一種結盟，按照中國的方式，都要各方領袖會盟，殺牲歃血，書刻盟誓，以告之神明，表達結盟諸方永遠結好之誠意。筆者認爲，結盟，尤其是戰争雙方的結盟對倭國是有利的。當時漢朝選擇以結盟的方式調解倭亂，當爲世界史上最早之先例。

漢朝採取以結盟的方式調解倭亂是完全符合倭國社會發展形勢的，並且戰亂中的倭國也具備了結盟的先决條件。一、倭國諸部落之間的這場衝突不屬於民族生死存亡的、不可調和的矛盾。當然，倭國這場衝突不是没有起因的。彌生時代中期，社會生産力發展較快，由生産剩餘而産生了私有制，出現了階級分化，社會發生了質變，由原始社會進入了階級社會。《後漢書》上記載倭國有城栅、軍隊，説明當時的倭國已經有了階級壓迫的工具。被選爲部落酋長的，掌握了生殺大權，佔有生産剩餘物質，壟斷從中國傳去的大批珍品，擁有大量財富，實際上他們已成爲特權階層。無疑，這場大亂是在原始公社瓦解、階級社會形成以後發生的，是階級社會形成後的産物。動亂發生的原因可能是由於各國之間生産發展的不平衡，造成强者對弱者的掠奪，部落之間産生尖鋭的利害衝突，從而互相併吞攻伐。同時，不可否認，争奪部落首長的位置以及不同的宗教信仰也可能是引起倭亂的原因。但是，無論出於何種原因，衹要相互之間的利益能够得到合理的調解，争端是可以解决的。二、當時倭國畢竟還處於階級社會的初級階段，許許多多部落小國中還没有條件形成一個足以左右形勢的較爲强大的部落國家，用統一的方式來結束這次動亂是不符合當時的歷史條件的。所以，漢王朝採取的結盟媾和以罷争戰的方式是完全正確、切合倭國實情的。

遺憾的是，對於調解的過程、結盟的具體情況，限於倭人字磚銘文和史書有限的記載，我們無法進行推斷。但是，如前文所說，從倭人字磚與曹氏墓的關係來看，結盟這件事與會稽郡太守曹胤有着密切的關係。可以說，曹操的族叔曹胤（無論是其官謁者時還是其爲太守時）都參與了漢朝調解倭國大亂之事。倭人爲甚麼要在磚坯上刻這七個字，而後又企圖消除“墨迹”？我們應當體諒這些做磚的倭人期盼早日結盟成功以便重返家園與親人團聚的急切心情，以及其對動亂中的祖國、家鄉的無限懷念。由於和墓主人的密切關係，居住在譙城的倭人能够瞭解到漢朝將以結盟媾和的方式調解倭亂。此外，當時參與處理倭國動亂的人中，曹氏家族中還有一位非常重要的人物——曹操的父親曹嵩。他是曹騰的養子，後來爲避董卓之亂死於山東。嵩生前襲父爵爲費亭侯，靈帝時官大司農、大鴻臚、太尉，正值倭亂末期。從他的官職分析，《後漢書・職官志》說：“大鴻臚，卿一人，中二千石，本注曰‘掌諸侯及四方歸義蠻夷’。其郊廟行禮，贊導，請行事，既可，以命群司。諸王入朝，當郊迎，典其禮儀。及郡國上計，匡四方來，亦屬焉。”太尉，掌四方兵事功課，是管理全國兵權的重臣。曹嵩居官顯耀，四方郡國、諸侯、蠻夷諸王無不在他的掌管之下。調解倭亂，乃是分内之責，故其應是漢朝當局調處倭亂的主要大員。曹胤是曹嵩的族兄弟，他的會稽郡職及其對倭國事務的種種處理措施，應該全都在曹嵩的掌控之下。可惜史書既缺乏曹嵩傳略，更缺乏曹胤傳略，我們無法知曉調解的詳細過程。但不可否認的是，通過這個事件，倭人同曹操宗族已建立了密切的關係。

對於倭人字磚上面“時盟”二字的探討，如果有人認爲證據不力、還有甚麼懷疑的話，可以從《三國志・魏書》記載的另一個事件上求得佐證。正始八年（公元247年），“太守王頎到官，倭女王卑彌呼與狗奴國男王卑彌弓呼素不和，遣使載斯、烏越等詣郡說相攻擊狀。遣塞曹掾史張政等因齎詔書、黄幢、拜假難升米爲檄告諭之。”這次魏王曹芳遣張政出使邪馬臺國的任務十分清楚，重點是爲了調處倭女王與倭男王之間的互相攻伐，調解二王的不和。但與前不同的是，從詔書、黄幢、檄諭來看，漢王朝是支持卑彌呼女王、維護邪馬臺國在諸倭國的主導地位的，從而結束二王争端。不幸第二年女王病逝，立男王而衆不服，使得倭國又亂，攻伐再起，很可能引起倭國的第二次大動亂。應該說，由於魏使張政的及時調解處理，動亂得到制止，復立倭女王卑彌呼的十三歲宗女壹與爲王。倭國漸復太平，張政榮歸。張政出使的這一行動應是中國封建王朝調解倭國動亂的繼續，也是對倭國“結盟”後遺留問題的再處理，衹不過是時間上稍晚一點而已。自桓、靈倭國大亂開始，至漢朝以“時盟”方式調解處理倭亂結束，應該説是倭人同中國官方往來的第二階段。

倭國大亂後的結盟，進一步促進了倭人社會的發展，即從衆多的、分散的氏族部落酋長王國中産生了共主領袖。按照中國的説法，就是大家（衆酋長國）共同推選出新的“盟主”。卑彌呼女王應該是被推選出來的共主，被立爲邪馬臺國王。《三國志·魏書》裏記載得很清楚，有一些小國就是屬倭女王領導的，卑彌呼爲戰後共立的女王。

倭亂結盟，使倭人社會又經歷了一次深刻的大變化，衆多的、分散的小國朝向統一跨進了一大步，産生了共主體制，這在日本古代史上是十分重要的一頁。所以，倭人字磚所反映的結盟决策，不僅符合當時倭國歷史的發展規律，而且它在這段關鍵的歷史時期也發揮了非常重要的作用。

5. 倭女王與曹魏

原來，緊接着倭國大亂後，中國大陸也變成多難之秋。首先是公元181年，張角領導的太平道發動了全國範圍的黄巾軍大起義。中平董卓之亂，袁紹虎視四州，群雄四起，互相攻伐。魏武帝曹操爲維護東漢統一，與軍閥割據勢力展開長期攻戰。江北陷入經久的混亂之中。孫吴扼據江東，公孫淵三代霸領遼東，致使中國大陸與海外（倭國）隔絶。直到魏明帝曹叡景初二年（公元238年），太尉司馬宣王出征遼東，斬公孫淵父子，遼東平靖，隨後又遣軍浮海，收復樂浪、帶方諸郡，再次打通了漢武帝時開闢的由樂浪、帶方通往倭國的航綫。自倭國大亂後至魏景初二年（公元238年），中間相隔幾十年時間，中斷了的倭國同中國王朝的官方關係方得恢復。此時雖然漢朝已亡十餘年，卑彌呼女王也已經進入了老年，但雙方往來頻繁。據《三國志》記載，卑彌呼女王於魏景初二年（公元238年）六月，派遣大夫難升米、都市牛利通過帶方太守劉夏向魏王曹叡進獻男女生口十人、班布二匹二丈。其實，這次朝獻應在景初三年（公元239年）六月，因景初二年六月司馬宣王剛剛出兵遼東，尚未恢復樂浪、帶方二郡，實是《三國志·魏書》之誤。景初三年（公元239年）十二月，魏明帝詔書報倭女王，封賜卑彌呼爲“親魏倭王”，假金印紫綬；封賜難升米爲率善中郎將，牛利爲率善校尉，均假銀印青綬，並賜贈絳地交龍錦五匹、絳地縐粟罽十張、蒨絳五十匹、紺青五十匹，以答所進獻貢直；另外又賜倭女王本人紺地句文錦三匹、細班華罽五張、白絹五十匹、金八兩、五尺刀二口、銅鏡百枚、真珠鉛丹各五十斤。這可謂是一特大的封賜。正始元年（公元240年），魏齊王曹芳遣建中校尉梯儁奉詔書、印綬、帛、罽、刀、鏡、採物出使邪馬臺國，再次封賜倭女王卑彌呼，女王隨即派人上表答謝。正始四年（公元243年），倭女王復遣使大夫伊聲耆、掖邪狗等八人，上獻生口、倭錦、絳青縑、緜衣、帛布、丹木、柎、短弓矢，掖邪狗等壹拜率善中郎將印綬。正始六年（公元245年），詔賜倭難升米黄幢。正始八年（公元247年），倭女王向魏齊王芳求援，曹掾史張政出使倭國。嘉平元年（公元250年），張政從邪馬臺國旋歸，新女倭王壹與又遣倭大夫率善中郎將掖邪狗等送張政歸，獻上男女生口三十人，貢白珠五千、孔青大句珠二枚、異文雜錦二十匹。從景初三年至嘉平元年，也就是公元239至250年，短短十年之間倭女王與曹魏王朝的官方往來就達九次之多，雙方互派使臣、饋賜珍品，其次數之多、賜物之厚重，都是前所未有的。若把倭魏之間的官方往來作爲發展的第三階段，這種關係大大超過了歷史上的前兩階段。倭女王與曹魏之間真正建立起了親密無間的友好關係。需要特别指出的是：一、卑彌呼女王在與大陸隔絶的幾十年之間，孫吴佔據江東大片土地，會稽有路可通，然女王漠然視之，而等到司馬宣王恢復樂浪、帶方二郡，把中原至帶方的路綫打通後，便立即遣使向魏國進獻，接着雙方進行了頻繁的往來，應該説女王同曹魏之間存在着一種深厚的感情。如果可以這樣説的話，這種感情的來源和建立應當與前兩章所説的關於倭人同曹氏家族官員的往來、曹氏官員對倭國結盟所作的努力，乃至卑彌呼女王被推立爲共主等都是一致的、連貫的。二、大亂以後的倭國，曹魏同倭國第三階段的關係與前兩個階段中漢朝同倭國之間的關係想必發生了根本的變化。前面漢朝同諸倭國的關係是一律平等、多方面接觸交往的，而曹魏王朝衹與邪馬臺國、女倭王卑彌呼保持獨一的親密的官方往來，用今天的話説就是衹與倭女王領導下的邪馬臺國有外交關係。正始元年（公元240年），有東倭遣重譯向魏王獻貢，明帝未予置理。東倭很可能是居於島東部的一個小國。這説明了曹魏的態度和立場。不難理解，曹魏的態度和立場是承認邪馬臺國是倭國正式的領導國家以及卑彌呼女王是邪馬臺國國王、倭國的最高統治者、共主。曹魏的這種做法是正確的，正符合當時日本列島上社會形勢的發展，有利於鞏固邪馬臺國的共主政權和提高倭女王的共主領袖地位，同時還有利於兩國之間的文化交流，促進邪馬臺國經濟的發展。從漢到曹魏，倭人的階級社會又發生了深刻的變化，倭人同中國的關係又得到進一步的、廣泛的發展。

盧弼《三國志集解》説，邪馬臺就是大和的意思，也就是大和國，或稱大和政權，國都應在大和之檀原；卑彌呼女王就是神功皇后，公元192年，隨仲哀天皇攻新羅，仲哀天皇死於軍中，神功皇后攝位。卑彌呼女王是否就是神功皇后，本文不作多辯。然《三國志·魏書》上説得十分清楚："倭國亂，相攻伐歷年，乃共立一女子爲王，名曰卑彌呼。"我們相信卑彌呼是確有此人的。她正是倭人字磚上所謂以結盟方式結束大亂而被大家共同推選出來的"盟主"。這更進一步肯定了倭人字磚的歷史價值，與史書記載正相吻合。

6. 結束語

日本在彌生時代不過短短幾百年的時間裏，就已經從使用粗糙的石頭工具的原始社會進化到使用鐵器生産的有階級的農業社會，社會的發展是迅速的。但是，中國古代社會的發展與倭人的情況就大不相同了。中國從開始使用磨光石器到使用鐵器，整整經歷了數千年的漫長歲月。由原始社會、氏族社會到使用青銅器的奴隸社會、進入有鐵器的封建社會，發展相當遲緩。因爲這種發展是通過中國社會的内因作用而起變化的，所以歷史的步伐行進緩慢。倭人之所以能從石頭工具生産直接過渡到使用鐵器生産，從漁撈採集到農業，或者説從没有農業、僅有原始萌芽的種植到直接接受先進的水稻種植技術，大大縮短了發展演化的時間，就在於外因起到了重要的推動作用。倭人社會通過外因促使社會生産發生急驟的變化。這外因即是前幾章所説的倭與漢、曹魏的文化交往關係。這種往來正像前面所叙述過的，無論是民間的還是官方的，有文字記載的還是没有文字記載的，無論是日本學者在考古工作中所發現的還是倭人字磚所提供的，都説明古代日本同中國文化有着淵遠的、融溶的、親緣般的關係。

倭人大亂後的邪馬臺國，政治、經濟、文化在列島上都居首要地位。如果這種説法成立的話，邪馬臺國就是許多部落國家的核心，僅北九州就有對馬、一支、末盧、伊都、奴、不彌、投馬、邪馬臺、斯馬、已百支、不呼、姐奴、對蘇、蘇奴、呼邑、華奴、鬼、爲吾、鬼奴、邪馬、躬臣、巴利、支惟、烏奴等小國均屬卑彌呼女王管轄。按照過去的理解，認爲邪馬臺國就是一個部落國家，卑彌呼女王僅是一位女酋長而已，那是萬萬不應該的。一、正始四年（公元243年），倭女王向魏朝進獻的物品中有短弓矢，應是倭人自己製造的金屬鐵器，可見當時邪馬臺國冶煉技術的高度發展，起碼已可與中國的鐵器媲美。二、倭女王於邸閣國設市，開展集市貿易，並派大倭監管市場兼收賦税，這是邪馬臺國經濟繁榮的表現。三、正始四年（公元243年），倭女王進獻倭錦、絳青縑；十年（公元249年），進獻異文雜錦，反映了邪馬臺國農業及紡織手工業驚人的發展水平。當時倭國不僅種植了水稻、蔬菜，還種麻，栽桑養蠶；不僅用麻織成紵寧布，還用絲織成細絹縑，能生産出花色、品種各異的絲織品了。所謂倭錦、異文雜錦，顧名思義，即是指這些具有倭人創造、邪馬臺國製造特色的絲織品。這説明當時邪馬臺國農業生産豐收、人民生活富裕，有時間來提高、發展紡織手工業的生産技術，並在顔料、印染、紡織機具和許多其他的複雜的操作技術方面取得新的突破。四、正始初年，倭女王上表答謝，反映了在邪馬臺國上層已經開始使用文字（全部漢文），倭人字磚更反映了東漢晚期倭人已掌握漢文字。這應是倭人使用文字的最早記載。

不難得出，古代倭人是智慧的、勤勞的。他們從外來文化中吸取營養，不斷豐富自己，加以革新，在長時間的社會生産實踐中，創造出具有日本民族特色的、古老的燦爛文化。

（二）從曹氏墓字磚看古代中日關係[①]

中日兩國隔水相望，是親近的友邦。大約在兩千多年前，兩國之間就已有了友好往來。這在中國古文獻上面有許多記載。近代，日本古代史考古方面發現了不少重要文物，證明了中日兩國古老的往來關係。中國考古方面也有一些新的發現，如1977年安徽省亳縣曹操宗族墓元寶坑村1號東漢墓出土的第74號字磚，上面“有倭人以時盟不”的刻辭，就十分重要。這塊七字刻辭的字磚於1979年《文物資料叢刊》第二輯發表後，最近又在日本報刊上發表，引起許多日本專家、群衆的興趣。由於它對研究古代中日關係、日本古代社會狀況具有一定的科學價值，故此，筆者想就74號字磚刻辭作一簡略論述。不妥之處，請諸君正之。

74號字磚刻辭“有倭人以時盟不”的“倭人”一詞，在中國古籍中最早見於《漢書》。該書《地理志》説：“樂浪海中有倭人，分爲百餘國，以歲時來獻

① 原載《江淮論壇》1980年第4期、日本《考古學雜志》1981年第191期，日文由中山清隆翻譯。

見云。”“倭”是日本古時之稱謂，或稱“倭奴國”，改稱“日本”是在唐高宗李治咸亨元年，即公元670年。“日本”這一名詞的由來及其涵義，按《明史》的記載是“以近東海日出而名也”。記載“倭人”情況的中國古文獻還有《後漢書》，該書《東夷列傳》上面説：“倭在韓東南大海中，依山島爲居，凡百餘國。自武帝滅朝鮮，使驛通於漢者三十許國。國皆稱王，世世傳統。”照這段文獻記載，中日最早的往來是在漢武帝攻朝鮮時，“倭”使驛通漢者有三十多個國家。武帝元封二年（公元前109年），據《漢書》説：“朝鮮王攻殺遼東都尉，乃募天下死罪擊朝鮮。”當時漢所擊者僅朝鮮北部，但懾於漢王朝的威力，諸倭國也紛紛朝貢了。至於“倭人”受封，按《後漢書》的記載是在建武中元二年，即公元57年，“建武中元二年，倭奴國奉貢朝賀，使人自稱大夫，倭國之極南界也。光武賜以印綬”。又“安帝永初元年，倭國王帥升等獻生口百六十人，願請見”。但是，到了“桓、靈間，倭國大亂，更相攻伐，歷年無主”。至此，中國古文獻對“倭人”的記載暫時中斷。桓、靈即漢桓帝（公元147—167年）、漢靈帝（公元168—189年）。然而74號字磚刻辭正填補了這段歷史空白。出土74號字磚的元寶坑1號漢墓中，同時出土的第9號字磚刻書的年代爲建寧三年四月，即公元170年，正值“倭人”大亂之際。

古代中日往來始於何時？從考古調查來看，要比《漢書》《後漢書》記載的早。與漢封建帝國發生關係的日本，當時正處於彌生時代。因此漢朝文化與彌生文化有着十分密切的融溶關係。日本古代大致劃分爲無土器時代、繩文時代、彌生時代和古墳時代。所謂無土器時代，即是指日本没有出現陶器的時代。繩文時代，是已出現了陶器，並以最早期陶器上所飾的繩紋花紋而命名的時代，相當於日本的新石器時期。這個時候，中國大陸已是封建制社會，鐵器被大量使用，生産技術有了很大提高。建立在以黄河流域爲摇籃的漢文化，不得不打破地區的局限，迅速向四外擴展。就在這時，十分先進的中國水稻種植技術傳到了倭島，對長期處於落後狀態的日本古代社會産生了深遠的影響，日本社會開始進入到彌生時代。所謂彌生時代，是由於1884年在東京本鄉彌生町首次發現了一種區别於繩文時代的陶器，這一新型的陶器文化類型被命名爲彌生文化。這一陶器文化的特點是在繼承繩文文化陶器的基礎上，融合了中國大陸陶器的特徵。這一新時代的文化始於日本島的西部、靠近中國大陸的北九州地區，進而逐漸向東發展，直至整個日本島嶼。從公元前3世紀起到公元3世紀止，彌生時代大約延續了六百年之久，相當於我國東周末到西晋亡的這段時間，其主要階段貫穿漢魏王朝。

彌生時代是日本的鐵器時期，這與中國是不相同的。中國是先有青銅器後有鐵器，而日本正相反，不僅青銅器晚於鐵器，而且不佔甚麼重要地位。日本的鐵器在彌生時代早期就已出現。例如在熊本縣齋藤山遺址出土的鐵斧，以及在宫崎縣禧遺址出土的鐵刀，就是最早的鐵器。但已發現的這些早期鐵器，都是從中國大陸輸入的，因爲這時日本還没有自己的鑄鐵手工業。1981年3月份，日本《每日新聞》報導，在福岡縣春日市岡本四丁目遺址的一座土壙木棺墓中發現一把鐵劍，劍長15釐米。經日本九州産業大學考古學者森次郎教授鑒定，這把劍是公元前1至公元2世紀時由中國製造的兵刃。到了彌生時代中期，日本有了自己的冶鐵技術，如在九州大分縣佐伯市下城遺址的考古發掘中發現了鐵滓和燒土塊，千葉縣的柏市遺址中也有類似發現。隨着彌生中期冶鐵遺址的普遍發現，在這一時期發現的鐵器類型也多了，農具有鍬、鋤、鐮，兵器有戈、矛，還有一些手工業工具如造船工具等。這個時期，石器迅速減少乃至絶迹了。同時，還發現了彌生時代中期的青銅器，最早也都是從中國輸入日本的，如西漢時期的百乳鏡、日光鏡、清白鏡、四螭鏡，東漢時期的規矩鏡等，還有銅劍、銅矛等兵器。到了彌生時代後期，日本有了銅器仿製品。這些仿製品大都是禮儀器，非實用品。其中，比較有代表性的一種銅鐸，既具有日本的特色，也與中國的編鐘有着淵源關係。古代中日往來與文化技術的交流，對促進日本古代社會發展無疑是十分重要的。

“有倭人以時盟不”刻辭中的“時盟”二字，應當作結盟解釋。“時”，及時、時宜、機會，指的是時間，也就是《後漢書》所説的桓、靈時倭國大亂的那個時候。“盟”，誓約也，古時常殺牲歃血而告誓於神明，這裏指的是戰伐之中的諸倭國之間的結盟。《後漢書》的記載與刻辭在時間和内容上完全吻合，説明文獻的記載是真實的，倭國大亂也是真實的。不過，大亂的原因在文獻上没有記載清楚。毫無疑問，這種動亂是社會階級鬥争的具體反映，説明在公元2世紀的時候，日本社會已不是處於原始公社的分解狀態，而是已經進入了有統治者與被統治者激烈鬥争的階級社會。在《後漢書》中也可以清楚地找到這種階級專政的例證，如“有城栅”“兵有矛、盾”“别尊卑之差”等。這些現象在原始社會裏是不可能有的。1784年日本福岡縣志賀島上出的“漢委奴國王”金印，應是這些階級統治者領受漢王朝所封的印綬吧！74號字磚刻辭所給予我們的啓示是，日本的階級社會當在彌生時代中期形成，起碼是在靠近中國大陸的日本西部地區已較早開始形成。

74號字磚刻辭具體表現了漢朝對倭亂的態度。對於倭國大亂，作爲友好鄰邦的“天朝”自然是不會袖手旁觀的。要使倭人之間攻伐不休的内戰停止，相互之間和好，衹有用結盟的辦法。結盟的事，中國古代史上屢見不鮮，戰國時期尤爲盛行。漢王朝用結盟的辦法調解他國争端，這算世界史上是最古老的一例吧！《後漢書》衹記載了倭人之亂，而把調處工作遺漏了，當爲撰書者之誤，這在很大程度是因爲作者不大瞭解内情而疏忽掉的。《後漢書》列傳的撰者爲南朝宋的范曄，始作於元嘉九年，即公元432年，事隔兩個多世紀，這種疏忽並不奇怪。可貴的是74號字磚爲此作了重要補充。74號字磚雖然是塊殘磚，刻辭也不完整，僅廖廖七個字，但它還是爲研究古代中日關係史提供了重要資料，有它的重大價值及歷史意義。

“有倭人以時盟不”刻辭，發現於曹操宗族墓葬出土的許多字磚中，並不是事出無因的。《水經注》“陰溝水條”對曹操宗族墓有較詳細的記載。曹操的祖父宦官曹騰，有弟曹褒（不知是胞弟還是族弟），官潁川太守，他有兩個兒子，長子曹熾官長水校尉，次子曹胤官謁者。謁者，官名，掌賓贊、奉詔書等事，當是朝廷的外交、禮賓司。正因爲如此，曹氏家族對當時倭國發生的戰亂比較瞭解，曹氏墓葬的字磚也反映出了這一事實。另外，曹操家族很有可能與倭人有着友好的往來關係，所以纔有可能出現這一塊字磚的刻辭。這從《三國志·魏書》卷三十的記載中可得到佐證，“景初二年六月，倭女王遣大夫難升米等詣郡，求詣天子朝獻，太守劉夏遣吏將送詣京都。”景初是魏明帝曹叡的年號，當時倭王爲何不向稱霸江東的孫權朝獻，而千里迢迢到洛陽朝獻魏王呢？特别是，魏王封賜“親魏倭王”的稱號和厚賜，可見曹家與倭國關係非同一般。這種關係在魏齊王曹芳時尤爲密切，差不多每兩年就有一次往返。張政的出使就是曹芳派出的。由是可見，曹操家族數輩以來與倭人都有着友好的往來關係。曹操的名字在日本也是家喻户曉、婦孺皆知的。

（三）略述曹氏元墓74號字磚[①]

1977年安徽省亳縣曹操宗族墓中元寶坑1號墓第74號字磚上“有倭人以時盟

① 原載《文物》1981年第12期。

不”的刻辭，是我國發現的最早記有“倭人”的實物，它對研究中日關係史有重要價值。1980年，殷滌非同志在其《對曹操宗族墓磚銘的一點看法》一文的“補記”中對“田（昌五）文據李燦同志釋文元74號磚銘”提出了不同看法。我也不揣冒昧，班門弄斧，談談拙見，以供諸識家批評。

1. 字磚釋文問題

元74號字磚係一塊砌墓券用的楔形磚，約殘缺四分之三，字在磚下方偏一側。陰刻七字，大小不一，上三字大，下四字較小稍偏，磚從第二、三字中間斜裂開來。這七字原釋是“有倭人以時盟不”，殷文“補記”釋作“有壁人夥□盟下”。殷與我釋相同者爲“有”（第一字）、“人”（第三字）、“盟”（第六字）”三字，不同者三字（第二、四、七字），殷文有一字（第五字）未釋。這七字中主要是“倭”字，其次爲“盟”字。到底第二字是“倭”還是“壁”，現將元74號字磚刻字影書、摹本一併發表，供同志們參閲。該磚第二字刻書“侫”，右邊“委”中間缺一豎筆，又多了一横點。查古字，有三個字與此字近似，即“[illegible]”“[illegible]”“倭”。“[illegible]”雖近似，但“穴”頭與“六”頭異；“[illegible]”則無“六”之撇、捺二筆，且“女”上又無一横點，故既不能釋作“[illegible]”字也不能釋作“[illegible]”字，應釋爲“倭”。我認爲，很有可能“女”上的一長點就是代替“禾”中間一豎筆的。字寫得很不好，且很隨便，不像是刑徒所書，説明刻寫此字者文化程度不高，對“倭”字寫法不熟，或者有意將豎筆改爲横筆。字磚上這種隨便寫的怪字還有很多，如元29號字磚上的“[illegible]”字，實際是“張”字；元32號字磚上的“[illegible]”字，實際是“死”字。這些字在古文字裏是查不到的。所以釋譯字磚上面的字，如單純强調古代字體結構，或按今天通用字的筆法去釋譯，肯定會有一部分字是釋不通的。殷文未釋的第五字，該字的刻法是“时”，我認爲是“時間”的“時”，是一個簡化字。字磚上的簡化字也很多見，如元2號磚上的“會”簡化爲“[illegible]”、董33號磚上的“書”簡化爲“[illegible]”、“臨”簡化爲“[illegible]”，當然“時”字也可以簡化爲“时”了。第四字模糊，僅可辯“[illegible]”三筆，我認爲是“以”字缺筆。“以”在這裏作爲介詞或連詞。“倭人”是名詞，作主語，“時盟”爲動詞，中間用介詞“以”，語法上是講得通的。殷文將第四字釋爲“夥”，是出於他要將釋文解釋爲壁人夥同起來反抗虐待者的主觀願望，我是不敢這樣釋文的。第七字殷文釋爲“下”，這裏可能有個小小的誤會，那就是原在

“不”字的左撇内填了點石灰，因而誤“不”爲“下”，今已真相大白。“不”與“否”通，但在這裏不是問話，而應作爲語助詞。第六“盟”字，殷文没有提出疑議，但也要説明一下。該字形爲“盟”，不太清晰，觀其狀，係字刻好後，用一平物拍了一下，連繩紋也拍下去了，故成此狀。第一字“有”清晰無疑。第三字“人”，雖右首捺畫斷裂，但也是清晰的。這就是我對“有倭人以時盟不”七字所作的解釋。至於殷文説第二字作“[illegible]”形，是個“壁”字，不是“倭”字，他是怎樣悟出來的，令人費解。

2. 《後漢書・東夷列傳》和元74號字磚的關係

“倭”，一讀如“委”音，一讀如“幄”音，字磚刻辭裏指的是“倭人”。“倭”即是日本，古稱“倭奴國”，改稱日本，時在唐高宗李治咸亨元年（公元670年）。“日本”一詞的來由和涵義，按《明史》的説法，“以近東海日出而名也”。最早記載“倭人”的書當推《漢書・地理志》，書中記載説“樂浪海中有倭人，分爲百餘國，以歲時來獻見云”。《後漢書・東夷列傳》的記載更加詳細，“倭在韓東南大海中，依山島爲居，凡百餘國”，武帝元封二年（公元前109年）以後，“使驛通於漢者三十許國，國皆稱王，世世傳統。其大倭王居邪馬臺國”。這是中國文獻記載中日發生關係之始。“倭”受封於“建武中元二年，倭奴國奉貢朝賀，使人自稱大夫，倭國之極南界也。光武賜以印綬”，又在“安帝永初元年，倭國王帥升獻生口百六十人，願請見”。從《漢書》《後漢書》的記載來看，在整整四百多年的漫長歲月裏，“倭人”僅來朝三次，漢朝也没派使者去過倭國，這是很難令人相信的。在日本考古發掘中出土了許多西漢晚期的傳世鏡，如百乳鏡、日光鏡、清白鏡、四螭鏡等，還有東漢的規矩鏡，如果没有較多的往來，這些傳世鏡是怎樣傳到倭國的呢？《後漢書・東夷列傳》記叙了一些重要資料，但此文是范曄撰於南朝宋元嘉九年（公元432年），從獻帝禪位到范曄撰《後漢書》，已時隔兩個多世紀，遺漏與錯誤是難免的。《後漢書・東夷列傳》又載，“桓、靈間，倭國大亂，更相攻伐，歷年無主。”在這個時期漢朝與“倭人”是否有往來？元74號字磚的發現説明了這個問題。按，與元74號字磚同墓出土的其他字磚書刻的時間爲建寧三年（公元170年），正是文獻上所説“倭國大亂”的時間。字磚上所謂的“時盟”，“盟”者盟誓、盟約、結盟也，“時”者機會、時宜、及時也，其意當是抓住時機結盟明誓以媾和。但結盟的雙方應是誰呢？按殷文“補記”説：“騰用事省闥三十餘年，奉侍四帝，未見有倭國使臣來盟之事”，又説“墓磚製於靈帝時，其時正當倭國大亂無主，倭國亦不可能派使來盟”。據此意，“盟”就是“倭”與漢之盟，既然“倭國”不會來人，文獻中又没有記載盟事，那就不存在“有倭人以時盟不”的文字和字磚了。差矣！當時漢朝是堂堂居正的“天朝”，受四方之貢，怎會與“倭”談盟呢？應是倭國大亂，諸倭國爲此事誓約結盟，何況字磚上已説明是“倭人以時盟”。“盟”本是中國東周時期争戰諸國在長期互相攻伐過程中創造出來的一種解决争端的辦法，史册上屢見不鮮。漢朝是受倭朝貢的友好之邦，既然倭國發生内亂，漢朝是不可能袖手旁觀的，用中國的這種結盟辦法去調解倭國之亂是十分自然的事，也是合乎情理的。元74號字磚正是反映這一時期的這一件重要事實的。中國大陸王朝調解倭國糾紛並非史無他例，現再録《三國志・魏書》的記載作爲佐證。正始八年（公元243年），“倭女王卑彌呼與狗奴國男王卑彌弓呼素不和，遣倭載斯、烏越等詣郡説相攻擊狀。（魏齊王曹芳）遣塞曹掾史張政等因齎詔書、黄幢，拜假難升米爲檄告喻之。”這與上次倭亂和字磚時間僅相距七十多年，不算太久。這次張政去倭，一直住到卑彌呼女王去世，另立新王之後纔返中國，可見中國王朝對倭内亂非常關心，並積極幫助解决。

3. “倭人”與曹魏的關係

“有倭人以時盟不”七字爲甚麼會刻在曹操宗族墓磚上？原來曹騰初被選爲中黄門從官，配太子書，時在安帝永寧元年（公元120年），距“倭國王帥升獻生口百六十人”僅十三年，獻生之事，曹騰豈有不聞？騰弟曹褒官潁川太守，長子曹熾官長水校尉，次子曹胤官謁者。胤生死年月不詳，按《水經注》載，曹胤立碑時間爲熹平六年（公元177年），元墓建於公元170年。這時，胤當供職在朝，負責外交。曹胤對倭國之亂是要親自省理的，對“倭人”應是瞭解和關注的。元寶坑1號墓74號字磚刻書者很可能是曹胤的下人，因聞倭國之亂和漢朝結盟媾和之論，偶然書於磚上。

曹騰用事省闥三十餘年，奉侍四帝，官中常侍大長秋，特進費亭侯；曹嵩官大司農、大鴻臚，居太尉；曹操拜丞相，封魏王；曹丕稱帝，四世顯赫。同族居國相、太守、封侯者凡幾十人。曹魏與“倭人”的關係密切。《三國志・魏書》記載，景初二年（公元238年）六月，倭女王卑彌呼遣大夫難升米等和魏王通好，魏王封卑彌呼爲“親魏倭王”，並賜贈了大量禮品。直到今天，在日本，曹操仍是家喻户曉、老幼皆知的人物。

（四）“倭人字磚”後記[①]

亳州曹操宗族墓元寶坑1號東漢墓出土的74號“倭人字磚”於1978年12月《文物資料叢刊》第二輯公開發表後，很快受到了日本學術界的關注，1979年穴尺禾光先生於日本《考古學期刊》海外專欄裏發表了《在東漢曹操宗族墓磚上有“倭人”之名》的專題文章。從此開始，至1986年森浩一先生的《倭人之登場》巨著的出版發行，日本學術界開展了“倭人”問題的研討，歷時八年之久。儘管一開始由於殷滌非先生將“倭”字臆造爲“壁”字，後又自我否定“壁人”，改稱“侫人”，以及部分維護正統史觀的學者所持的“懷疑”態度，使研究工作受到一些干擾，但都未能阻止人們對“倭人”問題的正常研討。特别是日本熊本縣的考古學家緒方勉先生，作爲日本人民的友好使者，於1979年開始三訪亳州，回國後向國内學者作了大量的介紹，使日本學者對曹氏墓葬及“倭人字磚”有了更詳細的瞭解，促進了研究工作的開展，爲中日友好做出了很大的貢獻。日本同志社大學文學部主任森浩一教授，寫了不少相關論著，並將字磚作爲所帶研究生的專門課題進行研討。筆者收到了不少學者熱情洋溢的信函，表達了對“倭人字磚”研究的關注。

1987年，日本日中友好協會爲慶祝“日中恢復邦交十五周年”和“《日中和平友好條約》簽訂十周年”，在日本大阪、東京舉辦了“三國志展”。元1墓74號“倭人字磚”等曹墓文物從亳州越過東海來到日本，參加“三國志展”。展出持續近兩年的時間，得到了日本學者和廣大觀衆的歡迎和重視。筆者也應日本日中友協邀請赴日出席“三國志展”開幕式，有緣會見了緒方勉、森浩一等一些老朋友和知名學者，相互交换了對“倭人”問題研究的看法。在緒方勉先生的陪同下，我觀覽了國立東京博物館的中國文物，豐富極矣，令人感慨，其中發現有李品仙盜壽縣楚王墓裏的大銅鼎等銅器。我們還專程去埼玉縣田平市參觀稻荷山古墳出土文物。埼玉古墳群（前方後圓墳）是國家指定史迹，就像中國的國家重點

① 原載中共亳州市委黨刊《新亳州》，2011年第6期。

文物保護單位，墳群一共有九座，規模很大。稻荷山古墳是其中的一座，出土的文物有陶俑、鐵甲、土器等，其中被認爲珍品的是從中國傳入日本的帶有鑲金嵌錯銘文的鐵刀，全長73.5釐米，共有嵌錯鑲金文字115個，有“辛亥年”“杖刀人”“加多支鹵大王”等字。“辛亥年”在東漢時代計有三個，三國魏一個，分别是光武帝建武二十七年（公元51年）、安帝永初五年（公元111年）、靈帝建寧四年（公元171年）和魏明帝太和五年（公元231年）。筆者認爲“辛亥”所指是後二者的可能性較大。在日本奈良東大寺山古墳出土的另一件鐵刀上有鑲金錯嵌的“中平□年五月丙午”等字。“中平”是漢靈帝的年號，即公元184至189年，這離“倭人字磚”的年代十分相近，僅晚十多年時間。看了日本這兩件國寶，在中國大陸發現漢靈帝時代的“倭人字磚”也就不會令人感到驚奇或不可理解了。

在京都、奈良、大阪參觀時，筆者受到了同志社大學文學部主任森浩一教授的熱情款待。他特别讓我參觀了其考古學第一、第二資料室。第一資料室展示的有自舊石器時代以來各個時期的文物資料，非常豐富。第二資料室重點爲考古學研究室，是針對教學設置的。我們在這裏與森浩一教授及他的七名研究生舉行了座談，回答了研究生們提出的關於倭人的一些問題。通過參觀座談，筆者對日本古代史及古代文物有了更深入的理解。

以“倭人字磚”爲主的曹操宗族墓的五件文物在日本的展出和筆者這次赴日的參觀訪問，增進了相互之間的瞭解，增加了友誼，是十分圓滿和成功的。但有一件事令我感到遺憾，那就是没有能够去橿原參觀，更没到徐福祠和徐福墓去拜謁，所以想在這裏再作一些補充。

徐福是史書記載的第一個進入日本列島的秦人。《史記·秦始皇本紀》説：“齊人徐市等上書，言海中有三神山，名曰蓬萊、方丈、瀛洲，仙人居之。請得齋戒，與童男女求之。於是遣徐市發童男女數千人，入海求仙人。”過去人們總是把這些記録看作神話傳説，未曾認真追究。近年來，特别是在對倭人起源問題展開討論後，中日兩國學者重新注意到此事，並不斷地進行探索，取得了大量的第一手材料，從而確定了徐福東渡這一歷史事件的真實性。日本著名學者小久保晴行先生於1984年4月在新加坡出版的《華僑商法》一書中説：“根據《古事記》和《日本書紀》的記載，他（徐福）是從日向（今宮崎縣）渡過瀨户内海在難波（今大阪市）上岸後，旋從熊野經吉野山進入大和平原，在橿原地方登極，成爲大和政權的始皇帝，爲傳説的天皇。”小久認爲徐福就是日本的第一代天皇，也就是神武天皇。是否如此，這裏不作多述，另文專談。不過這種説法與中國史書所説“徐福入海求仙……止王不來”是不謀而合的。筆者認爲中國史書説徐福止於澶洲，應是指徐福最終到達的目的地檀原。森浩一先生在論文中所提的澶洲即日本最南部的種子島，是有考古學史料意義的，應當尊重。至於筆者前文所説的濟洲島，在秦漢時本不屬朝鮮，而在倭島之列，後來屬韓，又名耽羅。渤海中許許多多島嶼的名稱，如暘谷、蓬萊、夷洲、澶洲等都是虛指，完全要靠今天的考古學資料來説明。

徐福，《史記》稱徐市，“福”“市”二字秦漢時通用，所以徐市也就是徐福。徐市是齊國人，因此地爲古之齊國，故説是齊人；又此地秦時爲琅邪郡，故又稱琅邪人（今之江蘇贛榆縣），地濱東海，據説徐福爲逃避秦之虐政，以求仙爲名，東渡不歸。

小久保晴行先生認爲，“追溯日本與華僑關係時，必須把歷史扉頁翻到神武天皇的時代。”他説：“中國古文獻記載，西曆公元前的219年，秦始皇派遣徐福率童男女數千人到東方去，東方當然是指的日本。此事有物證，迄今日本紀州牟婁郡和歌山縣新宫町等地還留下徐福及其僕從七人的墓與祠、碑等史迹。”另據馬來西亞華僑學者楊慶南先生著《世界華僑名人傳》指出，“徐福墓上碑，記載爲秦徐福之墓，碑旁有七冢之碑，係徐福七位僕從的墓碑，另有一巨碑，係新宫藩王水野氏於日本元文元年（公元1736年）爲徐福修墓時所立。碑文係熟諳漢文的朝鮮人仁井田好古所撰，記述了徐福東渡之史實”，碑上有“堅密萬祀，子孫繁祉”等字句。

楊先生在他的著作裏還記述了這樣一段史實，説的是明朝洪武九年（公元1 376年），日本高僧絶海法師由大阪乘船到中國取經，覲見明太祖，太祖朱元璋破例召見，並詢問絶海法師關於徐福東渡瀛洲是否属實，絶海法師賦詩一首回答太祖：

熊野峰前徐福祠，滿山藥草雨餘肥。
衹今海上波濤穩，萬里好風須早歸。

太祖朱元璋聽了這首詩，很感慨，因和詩一首：

熊野峰前血食祠，松根琥珀亦應肥。
昔時徐福求仙藥，直到如今竟不歸。

清光緒十六年（公元1890年），清廷派駐日本公使黎庶昌特至紀州新宫縣熊野峰附近考察徐福墓，並於徐福墓碑前題詩十二首，其中三首爲：

（一）

平田幾頃稻花稠，雙樹爲旌土一丘。

人代茫茫渾莫辨，夕陽荒海古今愁。

（二）

猶存七冢壓田唇，故老相傳福所親。

嫡裔如雲飄散盡，更從何處問秦人。

（三）

村町郡長喜余臨，葆護從今益繫心。

封墓建祠留古迹，海風吹起伯牙琴。

徐福東渡仙島，正是公元前的3世紀末葉，尚屬日本彌生時代早期。這一歷史事件的發生，有助於理解拙文《中日古代文化往來》中提到的一些問題：如關於最早的中日交通路綫的問題，除了拙文已交待清楚的兩條，即由樂浪帶方至倭島的北綫和由會稽東冶至倭島的南綫，還應有自山東半島琅邪出海直達倭島的這條最近的海路。徐福率數千名童男女，裝載着大陸上所有的“先進技術”、物品，浩浩蕩蕩從這裏出發，東渡到了日本南部。用小久先生的話説，就是“當時日向等處，還是草木榛莽之地。徐福登岸後，經吉野進入大和平原，披荊斬棘，驅捕虎狼，並教化土著識字、耕植、工藝、漁獵和治病等知識，使他們尊稱徐福爲‘先覺’，並在檀原擁戴徐福登極爲王”。至此，拙文中關於彌生早期中國的鐵器、冶鐵技術、先進的農業技術（包括中原地區水稻栽培技術）等對日本社會所起的推動作用的論述，日本最早使用的是漢字這一歷史現象，不用解釋就十分容易理解了。

那麽，《山海經》上有關“南倭、北倭屬燕”的説法，及“倭人”起源的問題，是否也可以從這裏得到啓發？中國大陸上出現的“倭”與“倭島”的“倭”是否是一回事？“倭人”與徐福東渡有無關係？相信今後在中日兩國學術界的討論中，在考古界的考古實踐中，這些問題都會得到解決。

編後語

這部書是我自1974年至1994年間，用了二十年的時間，收集曹操宗族墓發掘出土的文字磚和夏侯氏家族三座墓出土的文字磚，進行整理、照相、拓片、逐墓編號，並配以文字注釋，編成六卷，列印成册，準備出版。由於這部文字圖録文釋工程大，出版費用較高，個人工資微薄，無力承擔，必須求助於外援，所以在1994—1995兩年間，我曾多次寫報告向原市政府和民間團體求助，均無結果。不久後，我應聘安徽蒙城縣委、縣人民政府文物顧問，參加該縣申報歷史文化名城和考證莊子故里的工作，較爲繁忙。與此同時，古井貢酒集團籌建古井酒文化博物館，聘我爲顧問。這又是一項巨大的工程，忙中加忙，致使我無暇顧及《亳州曹操宗族墓字磚圖録文釋》一書的出版，此事就此被耽擱下來。

2000年，亳州劃爲省轄市，下轄譙城區和渦陽、蒙城、利辛一區三縣。蒙城殷墟北家的發現、對湯都亳城址的考察等又引起我極大的興趣和注意，加之亳州師範高等專科學校又聘我爲亳文化研究中心研究員，開展關於殷商民族的發源地、湯都亳、老子、莊子、曹操、華佗等一系列問題的研究工作，寫了許多論文，更是無暇顧及《亳州曹操宗族墓字磚圖録文釋》一書。轉瞬間又是十多年過去了，這一厚厚的字磚圖録文釋靜靜地躺在我的書櫃下面，紙張發舊，幾乎都已變成黄色，我以爲衹能將之作爲資料留給後人了。

2012年春節的一天，接到老友馮其庸先生的電話，他又問及曹操宗族墓出土文字磚一事。我告訴他書稿都已整理成卷，衹因“孔方”先生太澀，仍在我書櫃中，無法問世。馮先生説這是一批了不起的文物，不能湮没，應設法出版，讓世人共識。於是我把字磚圖録文釋寄給了他一套。他收到後告訴我，要設法出版，這充分説明了他對該書的重視。

馮其庸先生是我國著名學者，曾任中國人民大學中文系教授，中國藝術研究院紅樓夢研究所所長，中國紅樓夢學會會長，《紅樓夢學刊》主編，後任中國藝術研究院副院長，中國人民大學國學院院長，既是一位紅學專家，又是一位大書法家、文學家。馮先生與我同齡，今已到鮐背之年，雖目前多病，失去了活動能力，卧病在床，但仍關心着曹墓字磚的出版事宜。本來馮先生還要爲此書寫序的，由於卧床無法執筆，作序未成，最終還是爲本書題了書名。馮先生一生嚴謹治學，令人欽佩。

我非常感謝亳州市市委、市人民政府、市文化旅游局諸領導對本書出版的關心和支持。本書寫就已是二十年前的事了，我也從没有向領導提過此事，但我和馮其庸先生電話聯絡出版這一著作的消息引起了他們的關注。這一年，我因心臟病發作住進了市醫院，市文化旅游局局長懷穎、副局長薛冰來醫院看望我時，懷穎局長告訴我，曹氏字磚出書，經費由他們負責，我不用發愁，讓我安心養病。我聽後心中熱血沸騰，感謝黨委的支持，未想到由於經費問題擱置了二十年的一部著作，這麽快就能出版了，足以説明市黨政領導對該書出版的重視。懷局長爲此做了很大的努力。我把這一消息及時轉告馮其庸先生，他也很高興，並很快與中華書局聯繫，把我寄給他的一套文稿轉交給中華書局。我決定由我的兒子李剛辦理有關出版的具體事宜。

亳州市委副秘書長、市委直屬機關工作委員會李景彪書記，曾任市委政策研究室主任、市委機關刊物《新亳州》主編。他精通黨史，史學造詣很深，特别是對亳州史的研究充滿熱情，有精辟的見解。他爲本書的出版做了大量工作，并撰寫了序言。在序言中，李景彪書記詳盡地介紹了這批字磚的方方面面，對字磚文字的探討十分認真，很不容易。李書記工作繁忙，能抽出時間爲本書寫序，足以説明他對本書出版工作的支持和重視，在此特表謝忱。

這次出版的《亳州曹操宗族墓字磚圖録文釋》與我二十年前所寫的文稿略有不同。早期的文稿以考證字磚文字的論文爲主，把字磚拓片及釋文編録於後，並且把畫像石及夏侯氏墓出土字磚都排在了一起。這次出版將曹氏字磚、夏侯墓字磚圖録重新照相，附以文釋，同時把畫像石、曹憲印信及我所寫論文附於書後，這樣更突出了曹操宗族墓出土的文字磚的重大歷史價值。

中國方塊字是世界上最古老的文字之一，距今已有三千六百多年的歷史。在公元前16世紀，也就是殷商成湯都亳之時，人們用自己的智慧發明了甲骨文字。從那時起到公元1世紀至2世紀，中國文字經歷了由甲骨文、金文（鐘鼎文）、大篆、小篆、隸書到真楷、行、草的創造、發展、演變過程。到東漢時期，漢字開始形成真楷、行、草等書體，宣告中國文字已經發展成熟，這就是亳州曹操宗族墓文字磚告訴世人的最大信息，它爲我國文字學研究填補了歷史空白。這個信息是非常有力的，因爲字磚數量大，多達數百塊，文字多達三千餘個，這是任何人都反駁不倒的歷史真實。此外，這些文字還傳達了東漢時期的政治、經濟、文化、民風等方面的信息，就讓大家來研究吧！

爲甚麼這麼多的文字刻磚會出現在曹操宗族墓和夏侯氏墓裏呢？這些字磚出土於東漢亳州區域的墓葬，刻字又都出自於下層造磚工人之手，而造磚工人中除少數是服刑役的官員外，大多數都是農民，這説明在東漢時期，位於黄淮平原的渦水流域，也就是古中原的譙城（當時的豫州刺史所在地），群衆的文化水平普遍較高，否則不會有那麼多人在墓磚上刻寫文字。這難道不值得深思嗎？本書衹刊出幾座曹氏墓（包括夏侯氏墓）字磚，還有不少曹操宗族墓尚未發掘或發現，如據字磚所提示的曹操祖父輩潁川太守曹褒、曹操叔輩長水校尉曹熾、謁者曹胤、吴郡太守曹鼎、山陰太守曹勳、永昌郡太守曹鸞、功曹史曹湖等人墓穴尚未被發現。我相信，在今後亳州的考古發掘中，還會發現更多的曹操宗族墓字磚，也會給人們帶來更多更重要的信息。此外，還有大批的夏侯氏宗族墓葬，以及曹操母親丁氏家族墓，也可能埋藏着很多的文字磚，有待後來者去探索。

亳州蒙城縣北四十里，淝水之陽，高大寬廣的龍山晚期文化遺址——殷墟和北冢，是殷商民族始祖契的封地，也是殷商民族的發源地。契十四世孫成湯都亳建立王朝，是他們開始創造了甲骨文字，經多次演變，發展爲成熟的文字。由此説來，成熟的文字出現於成湯之都亳州，偶然乎？絶非偶然！

亳州曹操宗族字磚的真楷、行、草等各種書體集中國文字書體之大成，自成一大流派，承前啓後。千百年來，我國出現了許多書寫大家，百花争艷，曹墓字磚無愧爲國家瑰寶。

該書即將出版之際，使我難以忘懷的，是我的兩位親密助手：一位是已經逝世多年的侯香亭同志，1963年第二次建亳縣博物館時，衹有我們二人；1973年第三次建亳縣博物館時，開始也衹有我們二人，不久我又向縣工業局要了一位塑膠廠工人，名字謝書壁，後來一直叫他小謝。侯香亭没有受過專業訓練，但他工作耐心細緻，發掘古墓時，他都能按照我説的去做，而且做得很完美。小謝進館後，正趕上長江流域考古培訓班第二期開學，我隨即派他去學習，回來後，因他文化程度較低，我勸他加緊學習，但他就是怕看書。小謝現已退休多年，也不是小謝了，而是七十多歲的老謝了。他們二位是我自60年代至80年代進行考古發掘工作的得力助手。字磚出土是要經過多道工序的，首先要把帶文字的磚從墓磚中揀出來，在運回博物館時衹能裝入人力板車上，裝車時每塊磚隔一層紙被，以防碰撞損壞文字。字磚出土時上面粘滿了砌磚時所用的灰漿，這種灰漿在磚上是十分牢固的，因爲灰漿是糯米熬成汁加石灰砌在磚縫中的，所以清除起來非常困難。特別是刻文筆劃内的灰漿，清除工作更要耐心細緻，否則就會使整個文字毀掉。還有些字磚出土時已碎成多塊，我們用薄木板按字磚體積做成盒子，清洗好後固定在盒子裏，便於移動使用。字磚清洗工作結束後，再對每塊字磚進行拓印、托裱、照相、編號，最後進行文釋，這些工作都是按照每座墓分别進行的。

這次出版，對二十年前所編著的文稿有所改動，需重新整理。這些工作因我年歲已高，不能親做，全由我的小兒子李剛代理。該書今日得以出版，再次感謝亳州市委、文化部門的領導。我此生夙願得以實現，欣慰之餘，書此編後語，不忘大家的支持和幫助。

李　燦

2015年10月